LES AVOUÉS EN VACANCES,

COMÉDIE-VAUDEVILLE EN DEUX ACTES,

DE MM. BAYARD ET DUMANOIR,

Représentée pour la première fois, à Paris, sur le théâtre du Palais-Royal, le 9 novembre 1839.

DISTRIBUTION :

ERNEST DUCHÊNE, avoué...., MM. DERVAL.		Mme MATHIEU...................... Mmes MOUTIN.
POMARD, avoué.................	ALCIDE-TOUSEZ.	CLAIRE, fille de M. et Mme Mathieu	JOSÉPHINE.
BAGUENAUDIER, avocat........	ACHARD.	LOLO, leur fils.................	
M. MATHIEU, juge-de-paix....	SAINVILLE.	LUCIE, jeune anglaise.............	PERNON.
SIR SPENCER, anglais..........	LHÉRITIER.	FRANCINE (Mme Pomard)...........	GRASSOT.
PAULIN, jeune pharmacien.....	OCTAVE.	CHARLOTTE, fille d'auberge........	DUPUIS.
ZURICH, garçon d'auberge.....	GRASSOT.		

La scène se passe en Suisse.—Au premier acte, dans une salle d'auberge, au second, dans un châlet.

ACTE I.

Le théâtre représente une salle d'auberge. Dans le fond, une galerie qui mène aux chambres du haut, e^t dont l'escalier donne en-dehors de la scène. Trois portes de chambres ouvrent sur cette galerie. A gauche du spectateur, celle de M. Mathieu; au milieu, celle de Pomard; à droite, celle de Baguenaudier. La porte d'entrée est sous la galerie. Porte à gauche; autre à droite.

SCÈNE I.

POMARD, CHARLOTTE, puis ZURICH, ensuite ERNEST.

CHARLOTTE, sur la galerie, se défendant contre Pomard.

Eh! non, monsieur, laissez-moi!.. Je ne veux pas qu'on m'embrasse!

POMARD.

Allons donc, suissesse!.. en attendant que tu répondes à ma lettre...

CHARLOTTE.

Je n'y répondrai pas!..

POMARD.

Un baiser!.. un seul baiser!.. un gros!

CHARLOTTE.

Non!.. non!.. non!.. vous me chiffonnez!..

POMARD, qui prononce *S* et *Z* pour *CH* et *G*.

Bah!.. depuis que ze voyaze en Suisse, ze n'ai pas encore rencontré une fille d'auberze aussi sauvaze.

CHARLOTTE.

Je ne suis pas sauvage; mais je ne veux pas...

POMARD.

En ce cas, ze t'embrasse!..

ZURICH, sortant de la chambre de Mathieu, et paraissant sur la galerie au moment où Pomard embrasse Charlotte.

Eh! bien!.. eh! bien!.. eh! bien!.. ne vous gênez pas!

CHARLOTTE,

Là!.. vous voyez!..

(Elle se sauve. Zurich la suit dans l'escalier à droite.)

POMARD.

Allons, maraud!.. as-tu fait ma chambre?.. A c'te chambre, faquin!..

(Il rentre dans sa chambre.)

ERNEST, qui est entré par le fond, en bas.)

Eh! oui, une chambre... c'est tout ce qu'il me faut... Je suis connu ici... un habitué.

CHARLOTTE, rentrant, en bas.

Il est toujours sur mes talons.

ERNEST.

Eh! c'est la petite Charlotte!...

CHARLOTTE.

C'est M. Ernest!..

ERNEST, la prenant dans ses bras.

Bonjour, mon enfant!   (Il l'embrasse.)

ZURICH, entrant sur les pas de Charlotte.

Eh! bien!.. eh! bien!.. eh! bien! ne vous gênez pas!..

ERNEST.

Ah!.. ce pauvre Zurich!.. Toujours amoureux et toujours jaloux?..

CHARLOTTE.

Il n'est pourtant pas mon mari.

ERNEST.

Ah bah!.. pas encore?..

ZURICH.

Mais, en attendant, je ne peux pas voir comme

ça, à mon nez, à ma barbe... (Changeant de ton.)
Tiens!.. c'est M. Ernest!.. (Revenant à Charlotte.)
Tout le monde vous embrasser... (A Ernest.)
Tiens! vous revenez voir la Suisse?.. (A Char-
lotte.) Coquette!..

CHARLOTTE.

Moi, coquette, moi!

ERNEST.

Allons! allons! la paix!.. que Diable!.. Tu as
tort... je te réponds de Charlotte... c'est une
honnête fille... et, l'an dernier, quand je voya-
geais par ici, dans ce canton, avec deux clercs
d'avoués de mes amis, certainement, ce n'est pas
notre faute si elle t'est restée fidèle... Je lui ai
demandé vingt fois un rendez-vous...

CHARLOTTE.

Que j'ai refusé.

ZURICH, criant.

Et pourquoi faire, ce rendez-vous?.. pourquoi
faire, ce rendez-vous?..

ERNEST.

Dam!.. quand elle voudra me l'accorder...

ZURICH.

Eh! bien!.. eh! bien!.. eh! bien!... deman-
dez-lui devant moi...

CHARLOTTE, riant.

Ah!.. ah!.. ah!..

ERNEST.

Et pourquoi pas?.. ah! ah! ah!

ZURICH.

C'est ça, riez!.. riez!.. (Voyant entrer, par le
fond, Baguenaudier qui rit plus fort.) Bon!.. A
l'autre!..

CHARLOTTE, se sauvant.

Vilain jaloux!..

(Baguenaudier, qui entre, l'embrasse au passage.)

ZURICH, la poursuivant.

Eh! bien!.. eh! bien!.. eh! bien!.. eh!
bien!..   (Ils sortent.)

SCÈNE II.

BAGUENAUDIER, ERNEST.

BAGUENAUDIER.

Ah!.. ah!.. ah!.. histoire de rire!..

ERNEST.

Histoire de rire?.. c'est Baguenaudier!..

BAGUENAUDIER.

Eh! c'est Duchesne!..

ERNEST.

Le plus farceur de nos avocats!

BAGUENAUDIER.

Le plus aimable de nos avoués!

ERNEST.

Par quel hasard, vous en Suisse, dans le canton de Vaud?..

BAGUENAUDIER.

Comment!.. vous appelez ça un hasard,
vous?.. mais c'est la chose la plus simple, la plus
naturelle... d'août à novembre, la Suisse est notre quartier-général.

Air du Domino noir, récit du troisième acte.

Quand sonne l'heure des vacances,
Vers ces climats si doux
Nous volons tous :
De nos amis et connaissances,

Voici, sages et fous,
Le rendez-vous.
Quittant les soucis du Palais,
Pour les doux repos des châlets,
Avoués, avocats, clercs et juges-de-paix,
Les substituts, les conseillers,
Les présidents et les greffiers,
Enfin, jusques aux huissiers,
Qui grimpent aux glaciers!..
Chacun accourt... mais, par prudence.
Ici ne parlons pas,
Ou parlons bas ;
C'est le séjour de l'innocence...
Gardons bien, *in petto,*
L'incognito.
Rassemblés, mêlés, confondus,
C'est la salle des Pas-Perdus
Que je retrouve, avec ses hôtes assidus;
Dans ces troupeaux gras et dodus,
Sur la montagne suspendus,
Les plaideurs éperdus,
Qui, par nous, sont tondus...
Bons parisiens! quel avantage!
Gardez pour vous les frais
De vos procès :
Quand la justice est en voyage,
Profitez-en... sans nous,
Arrangez-vous.

(Lui tendant la main.) Un de plus, c'est charmant... Nous allons rire!.. Mais, c'est drôle,
vous m'aviez dit que vous ne viendriez pas en
Suisse, cette année.

ERNEST.

C'est vrai... Mais un chagrin de cœur,..

BAGUENAUDIER.

J'entends... De l'amour sous jeu... une femme
qui vous a trahi... Dites donc; êtes-vous toujours le rival de notre président?

ERNEST.

Ah! bah!.. il s'agit bien de ça!... Ce n'est, ni
une femme d'avoué, ni une femme de juge...
mais une beauté inconnue... qui m'échappe toujours!..

BAGUENAUDIER.

Ah! oui!.. du sentiment... C'est bête... En
fait de romans, je n'aime que Paul de Kock...
Ah! vous avez bien fait de venir en Suisse...
Nous voyageons gaîment... nous vous ferons oublier vos chagrins... nous sommes en nombre
pour ça!

ERNEST.

Est-ce qu'il y a beaucoup de monde, ici?

BAGUENAUDIER.

Parbleu!.. D'abord, me voilà, moi, Napoléon
Baguenaudier, le plus gai, le plus aimable, le
plus spirituel avocat de la Cour royale de Paris...
Moi, qui manie avec le plus de facilité la pointe,
le calembourg et les bouts-rimés!.. Toujours en
train de faire des farces, quand je n'en dis pas,
pour désopiler la rate à mes compagnons de
voyage... qui m'envoient quelquefois à tous les
diables... Histoire de rire!.. c'est ma devise.

ERNEST, à part.

Il est toujours insupportable!

BAGUENAUDIER.

Attention!.. voici les chambres qui s'ouvrent!..

SCÈNE III.

LES MÊMES, MATHIEU, Mme MATHIEU,
CLAIRE MATHIEU, LOLO MATHIEU.

MATHIEU, sortant de la troisième chambre à
gauche, sur la galerie, chargé de paquets.
Allons !.. allons !.. dépêchons-nous !..

BAGUENAUDIER, faisant des démonstrations avec sa
canne.
Ceci vous représente un juge-de-paix de Paris...

MATHIEU.
Hein ?..

BAGUENADUIER.
M. Mathieu, homme respectable par son ti-
tre, ses vertus... et sa perruque !

MATHIEU.
Vous êtes un malhonnête !..

BAGUENAUDIER, à Ernest.
Il ne peut pas me souffrir !.. (Reprenant.) Monsieur Mathieu, qui voyage en Suisse, pour se
distraire et se reposer... comme vous voyez...
Et, pour cela, il traîne de montagne en montagne..

Mme MATHIEU, sortant de la troisième chambre.
Voilà !.. voilà !..

BAGUENAUDIER.
Sa chaste épouse, Mme Mathieu, petite folle
de quarante-cinq ans... qui joue au volant, et fait
porter à son époux ses cartons à chapeaux, ses
robes, ses malles, ses boîtes... et autres choses
que la décence ne permet pas de nommer.

CLAIRE, paraissant.
Je suis prête, maman.

BAGUENAUDIER.
Plus, Mlle Claire Mathieu, leur fille... charmante personne à marier... sans dot !..

LOLO, arrivant à son tour.
Tiens !.. j'ai faim, moi !..

BAGUENAUDIER.
Et le jeune Lolo... délicieux enfant... qui ressemble à son père, à faire peur !.. et qui est très
aimable, quand il pleure... parce qu'alors on le
fiche à la porte !..

MATHIEU.
Eh ! vite !.. les chevaux sont mis !..

CLAIRE.
Adieu, monsieur Baguenaudier !..

LOLO.
Adieu, monsieur Baguenaudier !..

BAGUENAUDIER.
Adieu... monsieur le Juge-de-paix !

MATHIEU.
Votre serviteur, monsieur !..
(Ils descendent et disparaissent.)

BAGUENAUDIER.
Intéressante famille !.. elle appelle cela faire
un voyage d'agrément !..
(On entend un grand bruit dans l'escalier.)

ERNEST.
Ah !.. mon Dieu !..

BAGUENAUDIER.
Ne faites pas attention... c'est le juge-de-paix
qui dégringole.

SCÈNE IV.

BAGUENAUDIER, ERNEST, POMARD.

POMARD, sur la galerie, sortant de la chambre
du milieu, à moitié vêtu.
O ciel !.. qu'est-ce que c'est ?..

BAGUENAUDIER.
Attention !.. Ceci vous représente un avoué
de Paris...

ERNEST.
Eh !.. mais, c'est Pomard !

POMARD.
Hein ?.. Ah ! bah !.. Ernest !.. ah ! ah !.. ah !..

BAGUENAUDIER.
Honnête, comme on ne l'est pas... spirituel,
comme on ne l'a jamais été !..

ERNEST, à part.
Je crois bien !.. c'est le plus bête de la compagnie.

BAGUENAUDIER.
Air : Vaudeville de l'Ours et le Pacha.
Il est sorti de ses dossiers...

POMARD.
Pour faire comme tout le monde.

BAGUENAUDIER.
Il vient prendre l'air des glaciers...

POMARD.
Pour faire comme tout le monde.

BAGUENAUDIER.
Il épousa dernièrement...

POMARD.
Pour faire comme tout le monde...

BAGUENAUDIER.
Femme gentille, fraîche et blonde,
(A part, à Ernest.)
Qui pourrait le faire...

ERNEST.
Vraiment ?

BAGUENAUDIER.
Pour faire comme tout le monde.

Il a planté là sa femme, pour voyager seul,
en Suisse, comme un grand garçon...

ERNEST.
Comment ! tu n'as pas emmené ta femme avec
toi ?..

POMARD, achevant sa toilette, brossant son
habit, etc.
Tiens !.. Pas si bête !.. Ze m'amuse tout seul...
ze fais le garçon, mon sher... Ah ! ah !.. ah !..
Demande à Baguenaudier !..

BAGUENAUDIER.
C'est vrai... Il n'y a pas de fille d'auberge à
qui il ne veuille en conter...

POMARD.
Ze suis un coquin !..

ERNEST.
Prends garde !.. Ta femme est jolie... et si
elle s'amusait de son côté ?.. si elle te faisait...

BAGUENAUDIER.
Des farces !.. d'autant plus qu'on dit que les
avoués sont très exposés à ça, cette année.

POMARD.
Ah ! ah ! ah !.. Attends !.. attends !.. Ze des-
cends...

(Comme il disparaît, lord Spencer entre par le
fond, et vient s'asseoir à une petite table, à gauche ; un domestique y place un thé.)

SCÈNE V.

LES MÊMES, SIR SPENCER; ensuite PAULIN.

BAGUENAUDIER.

Attention !.. voici un Anglais... Mylord Rost-beef, Beaffteak ou Plumpuding... rouge, raide et sauvage, comme un canard... qui l'est... sauvage... Aimable homme, qui n'entend pas un mot de français... et, quand on lui dit : Bon-jour, Mylord, il vous répond : yes, Sir !.. Vous allez voir. (Il va à Sir Spencer.) Bonjour, My-lord.

SPENCER.

Yes, Sir.

BAGUENAUDIER, riant.

Hein ?.. comme c'est dressé ! (Spencer prend son agenda et écrit.) Toutes les fois que je lui parle, il a l'air de prendre des notes... Ah! ah! ah !.. Du reste, un homme qui n'est pas em-barrassant... Il couche ici, dans un hamac; il ne souffle pas le mot, et prend du thé toute la journée, comme dans les romans de Richard-son... Ah! ah! ah !...

POMARD, entrant.

Ah! ah! ah !.. Qu'est-ce qu'il te dit?.. Des bêtises, Hein?.. Il est touzours très drôle... Comme à Paris. (Donnant la main à Ernest.) Bonzour, mon sher, bonzour !..

BAGUENAUDIER.

Je lui fais connaître tout le personnel de l'au-berge.

PAULIN, entrant vivement par la porte à gauche, et courant à la fenêtre du fond.

Ils partent !.. ils s'en vont !..

BAGUENAUDIER.

Ah !.. voici un jeune homme tendre et senti-mental, comme un Allemand... l'air choucroûte, tout-à-fait... Il est arrivé de ce matin... Je ne le connais pas... (S'approchant.) Monsieur !..

(Paulin se retourne et le salue.)

ERNEST.

Qu'est-ce qu'il va lui dire ?..

POMARD.

Silence !.. Il va faire quelque sharze ! Ah! ah! ah !..

BAGUENAUDIER.

Monsieur est Allemand ?..

PAULIN.

Non, monsieur... Je suis Français...

BAGUENAUDIER.

Ah! ah !.. un compatriote !.. Monsieur est de Paris ?..

PAULIN.

De Pontoise.

BAGUENAUDIER.

Ah! de Pontoise?.. Et vous voilà dans le can-ton de Vaud !.. Ce n'était pas la peine de chan-ger...

POMARD.

Ah! ah! ah !.. Le canton de Vaud !.. C'est dé-lirant !

ERNEST, à part.

C'est bête, voilà tout.

PAULIN.

Je ne comprends pas.

BAGUENAUDIER.

Vous ne ?.. Il ne !.. (Bas.) Il n'est pas fort !.. (Haut.) Ah ça! mon jeune ami, pour un Français,

né malin, vous avez l'air bien triste, bien mal-heureux...

PAULIN.

Ah! oui, monsieur !

BAGUENAUDIER.

Et, à moins que vous ne soyiez amoureux...

PAULIN.

Ah! oui, monsieur !

BAGUENAUDIER.

Pas possible !.. Amoureux !.. Contez-nous donc ça... Entre compatriotes, on se console... on se rend service... et si nous pouvions vous aider... Nous voilà... deux avoués, un avocat; votre cause est en bonne main. (Aux autres.) Hein ?.. une bonne figure !..

POMARD, de même.

Oui, il est zentil !.. Ah! ah! ah !..

ERNEST, à part.

Quel mauvais plaisant !..

BAGUENAUDIER.

Je sais que vous êtes amoureux de madmoi-selle... Chose.

PAULIN.

Ah! oui, monsieur... et elle part !..

BAGUENAUDIER.

Elle part !.. Mlle Mathieu !..

Air : Vaudeville de la Famille de l'Apothicaire.

La fille du Juge-de-Paix !..

PAULIN.

Oui... Depuis Genève, je l'aime,
Je la suis partout... Mais je vais
La perdre hélas ! aujourd'hui même.
Elle part !.. que puis-je espérer ?

BAGUENAUDIER.

Vaiment, le sort vous cherche noise...

(Bas, aux autres.)

Et le voilà prêt à pleurer
Comme un... citoyen de Pontoise.
Oui, le voilà prêt à pleurer
Comme pleurent ceux de Pontoise.

Pauvre jeune homme !.. Si on pouvait la re-tenir ?..

PAULIN.

Oh! vous ne pourrez pas... Au contraire... c'est vous qui êtes cause qu'ils s'en vont.

BAGUENAUDIER.

Moi !.. Par exemple !

PAULIN.

Oui... j'entendais tout à l'heure le papa qui disait : Je ne resterais pas une heure de plus dans la même auberge que ce Baguenaudier !.. Il est si bête !.. si insupportable !..

ERNEST et POMARD, riant.

Ah! ah! ah !..

BAGUENAUDIER.

Comment ! il disait ?...

SPENCER.

Ah! ah !..

(On se retourne, il continue à lire son journal.)

BAGUENAUDIER.

Hein ?.. on dirait... non, il lit son journal, ce rostbeef... Ah! M. Mathieu se permettait de plaisanter !..

PAULIN.

Mais non, il ne plaisantait pas... car il part... et peut-être que si vous partiez... il resterait.

BAGUENAUDIER.

Eh bien ! non !.. Je ne partirai pas, et il res-

tera!.. Ah! je suis bête!.. Nous allons voir... je
suis insupportable!.. Vieux cuistre!.. Il me le
paiera!..

POMARD.

Bravo!.. il se monte!.. il va faire un shef-
d'œuvre?

ERNEST.

Surtout, pas de folie!..

BAGUENAUDIER.

Allons donc!.. histoire de rire!.. Il m'a in-
sulté... et tout le corps des avocats est intéressé
dans ma cause... Cette grande Mme Mathieu, dont
je faisais la partie de volant!.. et le petit Lolo!..
qui vient toujours se jeter dans mes jambes...
Le moutard! qu'il y revienne!.. Je lui flanque
le fouet... histoire de rire!

POMARD.

Ah! ah! bravo!

BAGUENAUDIER, frappant sur l'épaule de Paulin,
qui regardait au fond.

Monsieur?

PAULIN.

Ah! Dieu!.. Vous m'avez fait peur!..

BAGUENAUDIER.

Vous êtes amoureux?.. Et on vous aime?

PAULIN.

Ah! oui, monsieur!

BAGUENAUDIER.

Je vous marie... Vous êtes comais d'agent de
change?.. clerc d'avoué... de notaire?..

PAULIN.

Je suis pharmacien.

BAGUENAUDIER.

Apothicaire!

POMARD.

Ah! ah! ah!

ERNEST, l'arrêtant.

Tais-toi donc!..

PAULIN.

Pharmacien... monsieur.

BAGUENAUDIER.

Eh bien! oui, apothicaire... un très beau
parti!.. Eh! vite!.. je viens de voir mettre les
chevaux à leur vieille calèche... c'est-à-dire,
une calèche!.. on dirait un coucou des environs
de Paris... Vous, mon cher, allez vous placer à
la porte du village... et attendez l'événement.

PAULIN, sortant.

J'y vais, monsieur, j'y vais... Je n'y comprends rien, mais c'est égal.

POMARD.

Bravo encore!.. Ça va être cocasse!.. Ah!
ah! ah!..

ERNEST.

Que voulez-vous faire?

BAGUENAUDIER.

Ça ne vous regarde pas... et quand je devrais
manger ma fortune!.. Ah! je n'ai pas de mon-
naie... prète-moi cent sous..

POMARET, les tirant de sa poche.

Voilà!.. Ah! ah! ah!

(Sir Spencer écoute en souriant.)

ERNEST.

Ah ça!.. pas de mauvaise plaisanterie!

POMARD.

Si fait!.. une farce!..

BAGUENAUDIER.

Sois tranquille!.. Le juge-de-paix m'a déclaré

la guerre... il m'a attaqué, je vais me défendre:

En attendant qu'en France il rende la justice,
Il se souviendra de... de son voyage de Suisse!

(Il sort en riant.)

SCÈNE VI.

ERNEST, POMARD, SPENCER, prenant du
thé et lisant son journal.

POMARD.

Des bouts-rimés!.. Ah! ah! ah!

ERNEST.

Et tu t'amuses de toutes ses folies, toi?

POMARD.

Tiens! oui... il est très amusant, mon sher, il
zoue des bons tours à tous les voyazeurs... ça
me fait rire beaucoup.

ERNEST.

Oui, jusqu'à ce qu'il t'en joue un bon, à toi-
mème... Alors, tu ne riras plus.

POMARD.

A moi, son ami!.. Zamais!

ERNEST.

C'est peut-être lui qui t'a conseillé de laisser
ta pauvre petite femme en France... seule... et
pendant que tu t'amuses à voyager...

POMARD.

Mais c'est là le bonheur, mon sher... les femmes, c'est la mort aux farces!.. Aussi, moi, sournois que ze suis...

Air : Ce magistrat irréprochable.

Lorsque ze pars, la zoie au fond de l'ame,
    Mon sher, en faisant mes paquets,
    Z'ai bien soin d'oublier ma femme,
    Que ze laisse avec les procès...

ERNEST, souriant.

Je comprends tes calculs secrets :
Ce doux ménage, aisément on le quitte;
Car d'y rentrer on aura le plaisir.

POMARD.

Oui, oui, plus tard... mais d'abord, tout de suite,
    On a l'agrément d'en sortir.

ERNEST.

Mais, maladroit... tu n'es donc pas jaloux?

POMARD.

Moi?.. Oh! Dieu!.. zaloux comme un tigre
du désert!.. Si z'avais un rival!.. ze le massacre-
rais, au pistolet... Ze suis très fort... ze suis le
plus fort de la compagnie!

ERNEST.

Oui... au pistolet.

POMARD.

Va donc, méshant!.. Entre nous, z'ai eu des
souleurs... Figure-toi un élève de l'École Poly-
technique... un petit cousin, qui faisait des yeux
très danzereux à Francine... c'est ma femme...
mais elle, ni vu, ni connu!.. C'est égal, pour
être encore plus tranquille, ze l'ai menée au Hâvre, shez sa mère... que z'ai constituée duègne...
Ah ça! mais toi, ze te trouve le regard mélanco-
tique... ce n'est pas là le regard de l'avoué en vacances... Vois le mien, z'ai l'œil shatoyant.

ERNEST.

Oh! moi, mon cher, je suis amoureux!

POMARD.

Bah!.. d'une femme?

ERNEST, *le regardant.*

Bon!.. c'est de toi peut-être?

POMARD.

Que non!.. ze veux dire : de la femme d'un autre.

ERNEST.

Non... d'une veuve, d'une Anglaise!

(Sir Spencer lève la tête et écoute.)

POMARD.

Ah! une femme exotique!.. merci!

ERNEST.

Une femme charmante!.. que j'avais vue au Hâvre, mariée à un Français... *(Spencer pose son journal.)* Du moins, on me le dit au spectacle, où je la vis pour la première fois... Ses jolis yeux s'arrêtaient souvent de mon côté.

POMARD.

Tu es un gueux de fat!.. va toujours.

ERNEST.

J'eus le bonheur, le soir même, de lui rendre un léger service... Il pleuvait à verse... et moi, qui l'avais suivie, je lui offris mon bras et mon parapluie jusqu'à une voiture, où elle monta avec son mari, qui était vieux et fort malade.

POMARD.

Ah! il était fort malade, le vieux?..

ERNEST.

Heureusement!

POMARD

Pas pour elle... Ah! ah! ah!.. Et tu l'as revue, hein!.. tu lui as incendié le cœur, grand brigand!

(Sir Spencer donne des marques d'attention et d'inquiétude.)

ERNEST.

Ah! mon dieu, non, rien de tout cela... Je retournai au spectacle... elle n'y revint pas... Je ne la revis plus, et j'appris qu'elle était partie pour le midi de la France. *(Sir Spencer reprend son journal.)* Je retournai à Paris, avec mon amour et son image qui ne me quittait plus... C'est alors que je traitai d'une charge d'avoué... et aux vacances, pour me mettre à la hauteur de mes confrères, je fis un voyage en Suisse.

POMART.

Forcé!

ERNEST.

Je tâchais de me distraire de ma grande passion, qui était toujours là, par quelques amourettes... Ici même, cette petite Charlotte...

POMARD.

Ah! ze lui fais la cour... pas de bêtises!.. Ze lui ai écrit ce matin, pour un rendez-vous.

ERNEST.

Prends-la donc; car moi!.. juge de ma surprise! de mon bonheur!.. lorsque sur le lac de Genève... je retrouvai...

POMARD.

Ton Anglaise?

ERNEST.

Plus jolie que jamais... et veuve!

(Ici Spencer pose son journal et redouble d'attention.)

POMARD.

Ah bah! le vieux?

ERNEST.

Veuve, mon cher!.. Elle avait perdu son mari à Nice, et attendait à Genève que son frère vînt la chercher... une espèce d'ours... un original,

à ce qu'il paraît... qui ne lui pardonnait son mariage avec un Français, qu'à condition qu'elle n'en épouserait pas un autre... J'appris cela de sa femme de chambre que je fis causer... et qui causait beaucoup.

POMARD.

Oh! les femmes de shambre!.. ça cause! ça cause comme des pies borgnes!.. La pie borgne est zénéralement connue pour ce défaut-là.

ERNEST.

Sans égard pour l'anathème prononcé par le frère contre les Français, je cherchais toutes les occasions de me rapprocher de ma belle étrangère... Elle m'avait aussi reconnu... et toutes les fois que je lui adressais la parole, je voyais qu'elle m'écoutait avec plaisir... Enfin, un jour, j'osai lui parler de mon amour... *(Sir Spencer se lève très agité.)* Elle baissa les yeux... et comme on était venu nous interrompre, elle rentra dans sa chambre... Le lendemain, j'appris que, sur une lettre qu'elle avait reçue, elle était partie dans la nuit!.. sans qu'on pût me dire quelle route elle avait prise... Nous étions à la fin des vacances, et je retournai à mon étude, plus amoureux que jamais!

POMARD.

En voilà un roman!.. Continue donc... Z'adore les romans... ceux que ze ne lis pas.

ERNEST.

Que te dirai-je!.. Je voulais partir, ces vacances, pour l'Angleterre... Mais comme j'allais m'embarquer, j'ai retrouvé sa femme de chambre de l'an passé... qui n'était plus à son service... mais qui m'apprit que mon Anglaise, toujours veuve, devait voyager en Suisse, cette année.

POMARD.

Et c'est pour ça que tu viens?.. Ah! z'y suis!.. z'y suis!

(On entend rire Baguenaudier aux éclats.)

ERNEST, *vivement.*

Et surtout, pas un mot de cela à ce mauvais plaisant de Baguenaudier!

POMARD.

Tu lui en veux... tu as tort... il est drôle... ze l'aime bien!

ERNEST.

Chut!

SCÈNE VII.

LES MÊMES, BAGUENAUDIER.

BAGUENAUDIER, *une perruque à la main, riant aux éclats.*

Ah! ah! ah! qui veut le gazon du juge-de-paix?

POMARD.

Sa perruque!

ERNEST.

Qu'est-ce encore?

BAGUENAUDIER.

Une farce, mon cher!.. histoire de rire!.. La chaise de poste du père Mathieu et de sa respectable famille, partie au grand galop sur la route de Genève, vient de verser sur une pelouse superbe... Patatra! sens dessus dessous!

POMARD.

Ah! ah! ah!

SPENCER.

Oh! oh!   (Il sort vivement.)

BAGUENAUDIER.

A qui en a-t-il donc, celui-là?

ERNEST.

En effet! si l'on est blessé!..

BAGUENAUDIER, le retenant.

Eh non! ils ont eu peur, voilà tout... Madame Mathieu riait comme une folle, en recouvrant sa jambe... une jambe comme l'Obélisque, mon cher!.. et la perruque de M. Mathieu a été lancée à dix pas de là... comme une Comète sans queue... laissant la tête du juge-de-paix horriblement défrichée... Hein?.. quel gazon!

POMARD.

Oh! oh! oh!.. Et les enfans?..

BAGUENAUDIER.

Personne de blessé... Le petit hurle... Mademoiselle Claire est tombée entre les bras du garçon apothicaire, qui se trouvait juste là, où je l'avais envoyé... et qui est accouru pour la recevoir, comme un héros de roman qui sauve son Angélique, au risque de se faire broyer par les roues de la voiture!.. Tableau!!..

POMARD.

C'est sharmant!.. Ah! ah! ze ris comme un bossu.

ERNEST.

Allons donc!.. C'est très mal!..

(Il remonte la scène.)

BAGUENAUDIER.

Eh non!.. histoire de rire!.. (A Pomard,) Ah! ça, mais, qu'est-ce qu'il a donc, Ernest?..

POMARD.

Il n'aime pas les farces!

BAGUENAUDIER, bas et vivement.

Bon!.. On lui en fera!..

POMARD.

Les voilà!..

SCÈNE VIII.

BAGUENAUDIER, POMARD, MATHIEU, Mme MATHIEU, PAULIN, CLAIRE, LOLO; ensuite CHARLOTTE.

MATHIEU.

C'est une infamie!.. c'est une horreur!.. Quittez donc votre justice-de-paix, pour voyager en Suisse... Si on m'y reprend!

Mme MATHIEU, gaîment.

Ah! quelle charmante culbute!.. je n'avais jamais versé en route...

LOLO, pleurant.

J'ai une bosse au front!

BAGUENAUDIER.

M. Mathieu!.. mon cher ami!.. Comment donc c'est-il arrivé?..

MATHIEU.

Allez-vous-en au diable, vous!

ERNEST.

Vous n'êtes pas blessée, madame?..

Mme MATHIEU.

Eh! non!.. nous en sommes quittes pour la peur... et pour la perruque de mon mari, qu'il a perdue...

BAGUENAUDIER.

Ah! bah!.. c'est quelque voleur qui aura pris cet objet précieux...

POMARD.

Ah! ah! ah!..

MATHIEU.

Qu'est-ce que vous avez à rire, vous?

CLAIRE, entrant, à Paulin.

Ah! monsieur, vous êtes trop bon, assurément...

Mme MATHIEU.

Ah! ma fille!.. ma fille, que nous avions oublié!.. Ah! monsieur, que de reconnaissance nous vous devons, pour vous être précipité, malgré le danger!..

PAULIN, embarrassé.

Je suis heureux, madame... d'avoir pu... de m'être trouvé... là...

MATHIEU.

Monsieur... je vivrais cent cinquante ans, que je n'oublierais jamais un pareil service.

BAGUENAUDIER, à Paulin,

Comment!.. c'est vous, mon prince, qui avez volé au secours de nos amis?..

TOUS.

Un prince!..

PAULIN.

Monsieur?..

ERNEST, à part.

Qu'est-ce qu'il dit?..

POMARD, pouffant de rire, à part.

Oh! oh! oh!..

BAGUENAUDIER.

Pardon!.. pardon!.. j'ai été indiscret.

Mme MATHIEU, à demi-voix à Baguenaudier.

Comment, ce serait?..

BAGUENAUDIER, de même.

Un prince allemand, qui voyage pour ses nerfs!.. Chut!

MATHIEU, bas à sa femme.

Hein?..

Mme MATHIEU, de même.

Un prince allemand, qui voyage pour ses nerfs!.. Chut!

MATHIEU, bas à Pomard.

Un prince allemand, qui voyage pour ses nerfs!.. Chut!

PAULIN, bas à Baguenaudier.

Mais, monsieur, y pensez-vous?.. un prince!..

BAGUENAUDIER.

Taisez-vous donc!.. ça avance vos affaires.

ERNEST, à demi-voix.

Un pharmacien!

BAGUENAUDIER, de même.

Bah!.. un prince ou un apothicaire... ça se ressemble toujours par un côté!

POMARD, riant de même.

Histoire de rire!.. c'est sharmant!

LOLO, pleurant.

J'ai une bosse au front!

MATHIEU.

Taisez-vous, Lolo!.. ce n'est rien...

PAULIN, qui examine le front de Lolo.

Non... presque rien... et en y mettant une compresse d'eau fraîche et un peu de vulnéraire...

Mme MATHIEU.

Ah!.. vous êtes trop bon... de daigner descendre...

PAULIN.

Mon Dieu, madame, c'est mon état...

BAGUENAUDIER, l'interrompant.

Hum !.. hum !.. Savez-vous qu'il est fort heureux que vous ne soyez pas blessés ?

PAULIN.

Oui, je craignais quelques contusions... mais j'étais là !..

MATHIEU.

Vous êtes trop bon, mon pr... monseig... monsi... enfin, n'importe !.. Figurez-vous que la cheville d'une de nos roues...

Mme MATHIEU.

C'est-à-dire, des roues de notre voiture...

MATHIEU.

A été perdue, ou volée... Si bien, qu'à peine avions-nous fait quelques pas... va te promener, la voiture !.. L'essieu était cassé... et moi, j'étouffais !.. Je crois bien... j'étais sous les coussins de la voiture... avec Mme Mathieu par-dessus... rien que ça !...

Mme MATHIEU.

C'était délicieux !.. je n'avais pas de mal du tout... je riais comme une folle !..

BAGUENAUDIER.

Il n'y avait que le petit qui criait... par habitude... Quant à mademoiselle, elle était en sûreté...

MATHIEU.

C'est vous... monseig... mon prin... enfin, n'importe !.. qui avez été assez bon pour la recevoir !

PAULIN.

Dites, assez heureux !

Mme MATHIEU.

Aussi, M. Mathieu ne tient pas en place !.. il a voulu partir ce soir même... ça n'avait pas le sens commun.

MATHIEU, regardant Baguenaudier.

J'avais mes raisons pour ça !..

BAGUENAUDIER.

Mais, bon gré, mal gré, vous nous restez... Nous voilà tous réunis... Des avoués, un avocat. un juge-de-paix... tout cela se tient !.. On voyage plus gaîment, comme en famille... Nous verrons ensemble se coucher le soleil, la lune se lever... enfin, tout ce qu'on ne voit qu'en Suisse !.. Je ferai la partie de volant de Mme Mathieu...

Mme MATHIEU.

Oh ! le volant!.. J'en suis folle !

BAGUENAUDIER.

Le piquet de M. le Juge-de-Paix...

MATHIEU.

Merci !..

BAGUENAUDIER.

Pomard aura soin de Lolo... Ernest nous contera ses amours... Quant à mon prince, je n'ose espérer qu'il daigne être des nôtres...

PAULIN.

Moi?.. je ne vous quitte plus !..

CHARLOTTE, entrant.

Si ces dames et ces messieurs veulent se mettre à table ?..

BAGUENAUDIER.

Bravo!.. Pour commencer, nous allons dîner... il est un peu tard... on se couchera de bonne heure... mais demain, nous assisterons au lever du soleil, sur la montagne... nous déjeunerons dans un châlet.

POMARD.

Oh ! les shâlets !.. Bravo !..

ERNEST.

Moi, j'ai dîné... je vais admirer la montagne... (A part.) Je ne puis pas souffrir ce bavard-là !..

TOUS.

Air de valse.

C'est charmant ; quel joli voyage !
Qu'il est doux de toujours courir,
Quand on trouve sur son passage
    La gaîté, le plaisir !
(L'orchestre continue jusqu'à la reprise.)

Mme MATHIEU, bas à M. Mathieu.

Dites-donc, M. Mathieu... un prince !.. Et comme il regarde ma fille !..

MATHIEU.

Vous êtes folle !.. (Saluant Paulin.) Mon prince !..

POMARD, bas à Charlotte.

Eh bien! Suissesse... et la réponse à ma lettre ?..

CHARLOTTE.

Ah ! votre lettre... je l'ai jetée dans ma chambre... sur la cheminée, où vous pouvez la reprendre.

POMARD, riant.

Ce soir ?.. Ah !.. ah !..

BAGUENAUDIER, à part.

Il faut que je fasse des farces cette nuit... Histoire de rire !.. (Haut.) Allons, messieurs, la main à ces dames !.. Pomard ?..

POMARD.

Me voilà, me voilà !

TOUS.

C'est charmant, etc.

(Ils sortent au fond, par la gauche.)

ERNEST.

Adieu, Charlotte...

CHARLOTTE.

Adieu, M. Ernest...

ERNEST, se rapprochant d'elle.

Toujours cruelle ?..

CHARLOTTE.

Dam !.. je vais me marier...

ERNEST.

Raison de plus !..   (Il l'embrasse.)

ZURICH, paraissant sur la galerie.

Ah ! bon !..

ERNEST, riant.

Ah! ah! bonjour, montagnard !.. (A part.) Il finira par lui arriver quelque chose, à celui-là !

(Il sort au fond.)

SCÈNE IX.

CHARLOTTE, ZURICH.

CHARLOTTE, riant.

Ah ! ah ! ah !..

ZURICH, entrant par la droite au fond.

Bien !.. c'est gentil !.. On me fait des menaces... et elle rit, ma fiancée !..

CHARLOTTE.

C'est que tu arrives toujours quand il arrive quelque chose...

ZURICH.

C'est qu'il arrive toujours quelque chose quand j'arrive !.. Oui, ris, ris !.. avec ça que voilà de l'amusant !

CHARLOTTE.

Quoi donc?.. qu'est-ce qu'il y a?

ZURICH.

Il y a que nous ne coucherons peut-être pas ici, cette nuit... que mon oncle a promis nos lits et nos chambres à ce grand escogriffe d'Anglais, s'il les exige.

CHARLOTTE.

Et pour qui?.. Ce n'est pas pour lui... il couche toujours ici, dans son hamac...

ZURICH.

Dam!.. pour lui... je pense... à moins qu'il n'attende quelqu'un... Au fait!.. il a reçu ce matin une lettre...   (On entend sonner.)

CHARLOTTE.

Ah! voilà qu'on me sonne... au souper... Adieu!..

ZURICH.

Au revoir!.. Dis donc, ne te laisse pas embrasser, tout de même!..

(Charlotte sort à gauche au fond et Zurich d'un autre côté, au moment où Lucie et Francine paraissent dans le fond, introduites par sir Spencer.

SCÈNE X.

FRANCINE, LUCIE, SIR SPENCER, puis JOHN ET UN GARÇON D'AUBERGE. Sir Spencer introduit les deux dames, sans dire un mot, et les précède dans la chambre à droite.

FRANCINE.

Ah! mon Dieu!.. quelle entrée mystérieuse!..

LUCIE, regardant au fond.

Mon frère est toujours original.

FRANCINE.

Je l'embarrasse un peu, sans doute... mais tu as voulu... Eh! mais, qu'as-tu donc?.. tu parais émue, tu regardes toujours derrière toi!

LUCIE.

Oui... c'est que j'ai cru reconnaître quelqu'un... Oh! je me trompais... (A part.) C'est lui! c'est bien lui!..

FRANCINE.

En vérité, moi, j'ai presque peur!

(Sir Spencer sort de la chambre à droite et, pendant le morceau suivant, y fait entrer John et le garçon d'auberge, qui portent des paquets.)

LUCIE et FRANCINE, ensemble.

Air de Lucie de Lammermoor.

Mon Dieu! pourquoi tout ce mystère,
Quand nous arrivons en ces lieux?..

Résignons nous, puisque mon/ton frère

Veut nous soustraire à tous les yeux.

LUCIE, à part.

C'est bien lui, que j'ai vu paraître,
Toujours seul et silencieux...
Mes yeux ont su le reconnaître,
Et mon cœur encore bien mieux.

REPRISE.

Mon Dieu! pourquoi, etc.

(Sir Spencer les introduit dans la chambre à droite.)

SCÈNE XI.

ZURICH, CHARLOTTE, ensuite LE GARÇON D'AUBERGE.

CHARLOTTE, rentrant par la gauche en riant.

Ah! ah! ah!.. est-il bavard, ce grand!.. Et puis l'autre, qui rit toujours!.. (Imitant Pomard.) «Ah! mon cher, ze veux m'amuser!.. Ah! Sharlotte, ze t'aime!.. Réponds à ma lettre, Sharlotte!..» Ah bien! oui, sa lettre!.. je ne l'ai pas lue... puisque je l'ai laissée sur la cheminée.

ZURICH, au fond, à la cantonnade.

Eh! mon Dieu, oui!.. on ira... Comme c'est agréable!

CHARLOTTE.

Quoi donc?..

ZURICH.

Eh bien!.. comme je te disais, on nous déloge, on te prend ta chambre.

CHARLOTTE.

Tiens!.. pour cet Anglais!.. Eh bien! alors, où-ce que je coucherai, moi?..

ZURICH.

Où-ce que te coucheras?.. (Ricanant.) Dam!.. Mlle Charlotte... dam! Mlle Charlotte...

CHARLOTTE.

M. Zurich!.. je vous prie de ne pas avoir de ces idées-là... (Elle va prendre le cabaret sur la table.)

ZURICH.

Eh! bien, non!.. eh! bien, non!.. tu coucheras au châlet... Je vas t'y conduire... c'est convenu.

LE GARÇON D'AUBERGE, sortant de la chambre, à la cantonnade.

Oh! soyez tranquille... je me tairai... je suis payé pour ça... Un billet à remettre... c'est facile.   (Il sort par le fond, sans être vu par eux.)

CHARLOTTE.

Oui, au châlet!.. c'est commode!

ZURICH.

Mais puisque je couche au moulin, moi... au moulin, qui est tout proche... et si tu appelles au secours...

Air : On dit que je suis sans malice.

Car v'là qu' pour toi la peur me gagne :
La nuit, tout' seul', sur la montagne,
Il peut t'arriver quelqu' malheur...
Veux-tu d' moi pour ton défenseur?..

CHARLOTTE.

Laiss' donc tranquill' : si j' sais t' comprendre,
C'est contr' toi qu'il faudrait m' défendre.

ZURICH.

Dam! si tu criais, moi, j' viendrais.

CHARLOTTE.

Non! si tu v'nais, moi, je crîrais.

ZURICH.

Tu aimerais peut-être mieux que ce soit un autre... un de ces Français qui te font la cour?..

CHARLOTTE.

Eh bien!.. quand cela serait?..

SCÈNE XII.

LES MÊMES, BAGUENAUDIER, POMARD.

BAGUENAUDIER, rentrant de la gauche.

Laisse-moi donc tranquille!..

POMARD.

Shut!.. voici la petite!..

ZURICH, sans les voir.

Dieu!.. si j'en voyais un rôder par là-bas!..

CHARLOTTE.

Qu'est-ce que tu lui ferais?.. voyons.

ZURICH.

Ce que je lui ferais?..

BAGUENAUDIER.

Tiens!.. tiens!.. on se dispute encore?..

CHARLOTTE.

C'est ce vilain jaloux, qui veut que je me réjouisse, par ce que je vais coucher au châlet.

POMARD, vivement.

Au shâlet!.. comment, ma suissesse, tu vas cousher au shâlet?

CHARLOTTE, sortant.

Oui, monsieur... le second sur la montagne... avec les volets rouges, vous savez?..

POMARD, la suivant.

C'est égal! c'est égal... ça tient toujours?.. (Elle sort par le fond, emportant le thé; il s'arrête.)

ZURICH, montrant Pomard.

Au fait! voilà un sournois!.. au châlet, il y a moins de danger. (Il la suit.)

POMARD.

Ah! tu crois ça, toi?.. tu crois ça?.. Eh! bien! si fait, il y a du danzer!.. il y en a!..

BAGUENAUDIER.

Tu iras au châlet?..

POMARD.

Si z'irai?.. quand ce serait au Pic du midi, mon sher!.. Voilà comme ze suis, moi!.. z'ai des passions, à grimper partout comme un shamois!..

BAGUENAUDIER.

Dam!.. puisqu'elle t'a donné rendez-vous... Mais en es-tu bien sûr?

POMARD.

Si z'en suis sûr?.. Mais regarde donc ce billet, que le garçon d'auberze vient de me remettre de sa part... Tu sais... non, tu ne sais pas... ce matin, ze lui ai glissé... à la suissesse... un petit poulet tout shaud, où ze lui demandais un rendez-vous, qu'elle me refusait touzours... encore ce soir; tiens!..

BAGUENAUDIER.

Il est unique, avec ses billets!.. il ne sait rien faire sans écrire!..

POMARD.

Écoute donc, un avoué!.. et puis, z'ai bien plus d'esprit quand z'écris que quand ze... il n'y a pas de comparaison... Enfin, elle m'a répondu... tiens, avec un crayon... c'est griffonné comme un shat... ou comme un clerc. (Lisant :) « Ce soir, dans ma chambre, je vous attends : Charlotte. » Saperlotte!.. c'est clair!.. et puis, tiens, l'adresse : « à monsieur Pomard. »

BAGUENAUDIER.

Oui, ma foi!.. il y a bien... Comment! cette petite Charlotte...

POMARD, riant.

V'là comme nous enlevons ça, mon sher!..

BAGUENAUDIER.

Se peut-il qu'avec une figure comme celle-là!..

POMARD.

Tu dis?..

BAGUENAUDIER.

Je dis que tu es laid!

POMARD.

Ze ne suis pas si laid... que z'en ai l'air.. Va donc demander à Francine.

BAGUENAUDIER.

Oui!.. ta femme... je te conseille d'en parler!

POMARD.

Ah! ah! ah!.. c'est là le doux!.. des coups de canif dans le contrat! et allons donc!.. A moi, la suissesse!.. Dis donc, ce petit Ernest qui voulait me la souffler... Enfoncé!.. Ça se fait entre confrères...

BAGUENAUDIER.

Ah! bah!.. vraiment?.. il est amoureux de la petite?..

POMARD.

Depuis un an, mon sher!.. Et moi, *veni, vidi et...* Proutt!.. comme sur un shemin de fer.

BAGUENAUDIER.

Ce petit Ernest, qui a toujours l'air de me bouder!..

POMARD.

Il ne peut pas souffrir tes farces!.. il est bête.

BAGUENADIER, vivement.

Il y en a une à lui faire!.. Attends... donne... (Il prend le billet que tient Pomard, et en déchire l'adresse.)

POMARD.

Qu'est-ce que tu déshires?..

BAGUENAUDIER.

L'adresse!..

(A l'entrée d'Ernest, il cache le billet.)

SCÈNE XIII.

LES MÊMES, ERNEST, puis MATHIEU, Mme MATHIEU, CLAIRE, LOLO, PAULIN, ensuite ZURICH et LE GARÇON D'AUBERGE, et enfin SIR SPENCER.

ERNEST, entrant du fond, très agité.

Allons donc!.. ce n'est pas elle, c'est impossible!..

POMARD.

Qui, elle?..

ERNEST.

Eh! mon cher, une rencontre! une apparition!.. le diable!.. Comme je sortais, pensif, distrait, sans regarder autour de moi, j'entends tout-à-coup un cri de surprise... Je relève les yeux... deux femmes disparaissaient!.. Mais j'écoute... et je crois reconnaître une voix...

POMARD.

Celle de ton inconnue?.. De l'insulaire?..

BAGUENAUDIER, cherchant à glisser le billet dans sa poche.

Une passion!..

ERNEST.

Et impossible de les rejoindre!.. je me suis égaré...

POMARD.

Oui, oui... tu divagues!.. Ah! ah!..

ERNEST, jetant son chapeau sur la table à gauche.

Oui!.. c'est une monomanie!.. je la vois où elle n'est pas!.. Si cela continue... je deviendrai fou!.. Allons, j'ai besoin de l'oublier malgré moi... forcément... et si je trouvais un roman à filer... une aventure...

BAGUENAUDIER, toujours occupé.

Une aventure?.. c'est facile... (Il jette le billet dans le chapeau.) La lettre est dans la boîte.

MATHIEU, entrant suivi de sa femme.

Et maintenant, mon lit !.. mon lit !.. je veux dormir !

Mme MATHIEU.

C'est ça, M. Mathieu !.. en voyage, vous ne pensez qu'à manger et à dormir...

MATHIEU.

Oh ! en Suisse surtout !.. manger toujours !.. dormir, quand on peut !

BAGUENAUDIER.

Vous aimez à dormir ?.. hein ?.. comme à la justice-de-paix... Ah ! ah ! ah !..

MATHIEU, à sa femme.

Cet homme-là m'est insupportable !.. (Bas.) Mon lit ? (Zurich et l'autre garçon d'auberge entrent avec plusieurs flambeaux.)

POMARD.

Voici les flambeaux... chacun le sien... (Bas au domestique.) Tu me conduiras ce soir, au châlet.. ze te donnerai un fameux pour boire.

BAGUENAUDIER, bas à Zurich.

Dis donc, toi... veille bien sur le châlet... on en veut à ta fiancée !

ZURICH.

Bah !.. Soyez tranquille... nous autres montagnards... Je l'attends !

MATHIEU, à sa femme, lui montrant Claire et Paulin qui causent dans le fond.

Mme Mathieu !.. et votre fille qui cause avec ce jeune allemand !..

Mme MATHIEU, de même

Tant mieux !..

ERNEST, trouvant le billet dans son chapeau.

Tiens !.. un billet !.. de Charlotte !.. Qui a donc pu ?..

POMARD, bas à Baguenaudier.

Eh ! mais, c'est mon billet !

BAGUENAUDIER, de même.

Silence, donc !..

POMARD, pouffant de rire.

Oh ! oh !.. z'y suis !..

(Ils s'éloignent en fredonnant.)

ERNEST, toujours à part.

Un rendez-vous !.. La petite !.. Enfin !.. Ma foi, ça vient bien... Juste, l'aventure que je demandais !.. (Regardant la chambre à droite.) Sa chambre... là...

(Ils tiennent tous leurs flambeaux.)

Mme MATHIEU.

A demain, messieurs ! (Saluant Paulin.) Mon prince !.. (Paulin salue.) M. Baguenaudier, je retiens votre bras, pour aller au châlet, sur la montagne. MATHIEU.

Et moi, je promets une récompense honnête à celui qui me rapportera ma perruque !..

TOUS.

Air des Matines. (Mlle Loïsa Puget.)

Au revoir,
Bonsoir !
Pour que demain chacun se lève
Avec le soleil,
Allons nous livrer au sommeil ;
Et sans mauvais rêve
Que la nuit s'achève.
Allons, au revoir !
Bonsoir, bonsoir, bonsoir, bonsoir.

(Pendant qu'ils sortent par le fond à droite, Paulin sort par la gauche. L'orchestre joue le milieu de l'air.)

BAGUENAUDIER.

Délicieux !.. bravo !.. Pomard couchera à la belle étoile !.. Ernest, qui n'aime pas les farces, trouvera, à la place de la petite, mylord Beeff-teack man !.. Et, quant au juge-de-paix, il retrouvera sa perruque dans son lit... mais coupée menu, menu... c'est du crin !.. Demain matin, il m'en dira des nouvelles !.. Ah ! ah ! ah !..

(Il sort au moment où tout le monde, en montant l'escalier, paraît sur la galerie. John sort de la droite.)

JOHN, portant un flambeau.

Yes... yes... mylord !

TOUS, sur la galerie.

Reprise de l'air précédent.

Au revoir,
Bonsoir ! etc.

(Ils entrent dans leurs chambres. John dispose le hamac devant la porte à droite, et quand tout le monde est entré dans les chambres, sir Spencer sort de la droite.)

SCÈNE XIV.
SIR SPENCER, JOHN.

SIR SPENCER.

Good night, miladies. (Voyant le hamac.) Ah ! ah ! John !.. Very well.

JOHN.

Mylord...

SIR SPENCER, se jetant sur le hamac.

Well, thank you... Sleep down there... (Couché.) Good night, John !'

JOHN, dans un fauteuil à gauche et soufflant la lumière qu'il a posée sur la table.

Good night, mylord.

SCÈNE XV.

SIR SPENCER, JOHN, endormis en bas, POMARD, BAGUENAUDIER, et ensuite tout le monde.

POMARD, sortant de sa chambre, sur la galerie.

Voilà le moment... le domestique m'attend, un fallot à la main... Va, scélérat, va, grand Shubri !

BAGUENAUDIER, ouvrant sa porte et se trouvant en face de Pomard.

Qui vive !..

POMARD.

Shut ! donc !.. Ze pars... ze vais là-bas, mon sher !.. Ze lui soufîle la Suissesse !.. (Riant.) Ah ! Ah !.. Ça se fait entre confrères !..

ERNEST, paraît au bout de la galerie à gauche.

BAGUENAUDIER, bas.

Ah !.. Ernest !.. Cache-toi !..

(Pomard rentre vivement, sans fermer sa porte.)

ERNEST.

Allons !.. Aux amans malheureux... il faut de l'indulgence.

BAGUENAUDIER, sortant de nouveau et lui barrant le passage,

Eh !.. c'est M. Ernest !

ERNEST.

Baguenaudier !.. (A part.) Que le diable l'emporte !

BAGUENAUDIER.

A cette heure !.. Où donc allez-vous comme ça ?..

ERNEST.

Mais... vous êtes bien curieux.

BAGUENAUDIER.

Eh ! eh ! je le sais aussi bien que vous... du moins, je le devine... gaillard !.. La petite Charlotte...

ERNEST.

Vous savez ?..

BAGUENAUDIER.

Et ce pauvre Pomard, qui espérait... Oh ! oh !..

ERNEST, riant.

Ah ! oui !...

(Pomard, à sa porte, se tient les côtes de rire.)

BAGUENAUDIER.

Bonne chance !..

ERNEST.

Merci !.. mais silence !..   (Il descend.)

POMARD, sortant tout-à-fait.

Ah ! 'ah ! ah !.. il va à la shambre de Sharlotte... Hein !.. quel coup de boutoir, quand on va lui dire : Goddam !

BAGUENAUDIER.

Oui... oui... Bonne chance aussi, toi !..

POMARD.

Oh ! moi !.. on m'attend... Ah ! fishtre ! ze ne sais pas ce qui va se passer... mais !.. (Il descend.)

BAGUENAUDIER.

Nous allons avoir de l'agrément !

(Il descend aussi.)

ERNEST, qui est entré en bas, à demi-voix.

Il s'agit maintenant de s'orienter... La chambre de Charlotte, à gauche... Il fait un noir !.. (Se heurtant contre le hamac.) Ah ! quelqu'un !.. (Il recule et va se heurter contre le fauteuil de John.)

JOHN, endormi.

Yes, mylord !.. Yes...

ERNEST.

Qu'est-ce que c'est que ça ?... (Il gagne le fond et se rencontre avec Baguenaudier, qui entre.)

BAGUENAUDIER, à demi-voix.

Eh ! bien !.. Où allez-vous ?..

ERNEST, de même.

Je m'en vais !.. Impossible d'entrer !.. Voyez donc, ce diable d'homme qui dort là.

BAGUENAUDIER, s'approchant et regardant.

Tiens !.. c'est notre anglais !

ERNEST.

Et là... il y en a un autre.

BAGUENAUDIER, de même.

John... son valet !.. (Regardant la porte à droite.) Et moi, qui les croyais là... Ils auront changé d'avis !..

ERNEST.

Ma foi !.. bonsoir !..

BAGUENAUDIER.

Allons donc !.. vous reculez !.. du courage, morbleu !.. Ah !.. attendez, je vais le forcer à vous livrer passage, moi !..

(Il tire un couteau de sa poche.)

ERNEST.

Pas de mauvaise plaisanterie, surtout !..

BAGUENAUDIER.

Eh ! non !.. Histoire de rire !..

(Il coupe les cordes du hamac, qui tombe par terre, avec sir Spencer. Cris, bruit, tumulte.)

ERNEST.

Miséricorde !..

SIR SPENCER, criant et se débattant.

Hem ! what is it, John !

JOHN, se levant.

Ah ! my good !.. help ! help !

(Sir Spencer lui saute au collet.)

BAGUENAUDIER, à Ernest qui profite du désordre, pour entrer dans la chambre à droite.

Bien des choses à Charlotte, de ma part !..

(Au même moment, tout le monde accourt aux cris de John et de sir Spencer.)

SCÈNE XVI.

SIR SPENCER, JOHN, BAGUENAUDIER, MATHIEU, Mme MATHIEU, CLAIRE, PAULIN, POMARD.

(Le juge-de-paix et sa famille, en costume de nuit, paraissent sur la galerie ; Paulin, en bonnet de coton, à gauche. Ils tiennent tous leurs flambeaux et éclairent la scène. Baguenaudier se jette sur une chaise, en riant aux éclats. Pendant ce mouvement, on voit Pomard traverser le fond.)

TOUS.

Air : Chœur infernal de Robert-le-Diable.

Grand Dieu ! quel vacarme !
Quel est donc ce bruit,
Qui jette l'alarme
Au sein de la nuit ?
Parlez, je vous prie,
Est-ce un grand malheur ?
Est-ce un incendie,
Ou bien un voleur !

BAGUENAUDIER.

Ah ! ah ! ah !..

(Sir Spencer le voit, s'arrête et tire froidement son agenda.)

SIR SPENCER.

Oh !..

Mme MATHIEU, criant.

Qui est-ce qui nous attaque ?

BAGUENAUDIER.

Histoire de rire !..

(Sir Spencer écrit sur son agenda.)

REPRISE DU CHŒUR.

Grand Dieu ! quel vacarme !

(Le rideau baisse.)

FIN DU PREMIER ACTE.

ACTE II.

Le théâtre représente l'intérieur d'un chalet. A droite, une porte, conduisant à une seconde pièce. L'entrée au fond sur la campagne. Une fenêtre à gauche.

SCÈNE I.

FRANCINE, LUCIE, puis CHARLOTTE.

(Lucie, assise à gauche, près de la fenêtre ouverte, dessine une vue. Francine, assise de l'autre côté, paraît être très agitée et se contenir à peine. Charlotte entre du fond, portant des assiettes, des fruits, etc.)

FRANCINE, à part.

Le monstre !

LUCIE, tournant la tête.

Hein ? tu dis !

FRANCINE.

Rien... rien... continue ton dessin... Avances-tu ?

LUCIE.

Je suis arrivée au sommet de la montagne... je commence les neiges.   (Elle dessine.)

FRANCINE, se levant.

L'infâme !...

LUCIE, se retournant de nouveau.

Encore !.. Ah ! ça, qu'as-tu donc depuis ce matin ?... Déjà, en t'éveillant, tu étais d'une humeur !... Tu as voulu quitter cette auberge au point du jour... nous sommes venues dans ce chalet, pour dessiner ce beau point de vue qui va enrichir mon album... et depuis que nous sommes ici, tu ne tiens pas en place... tu parles toute seule... tu te lèves... tu t'assieds... Tiens ! tu vois, encore... Voyons, ma chère Francine, il faut m'expliquer...

CHARLOTTE, entrant.

Pardon, excuse, mesdames... votre servante... J'apporte ce qu'il faut pour votre déjeuner... et Zurich va venir m'aider.

FRANCINE.

Vous êtes la jeune fille de l'auberge de *la Croix-de-Malte ?*

CHARLOTTE.

Oui, madame... Est-ce que c'est pour ces dames qu'on nous a délogés cette nuit ?..

FRANCINE, vivement.

Non, non... nous ne sommes arrivées que ce matin. (Lucie se retourne tout-à-coup et regarde Francine en souriant.)

CHARLOTTE.

Ah ! (Regardant le dessin de Lucie.) Dieu ! que c'est joli !.. comme ça ressemble à la montagne !... et puis, là, le chalet du père Fritz... et la fumée, et la neige, et tout... Pardon, excuse, madame, c'est pas pour vous offenser... Je vas mettre deux couverts.

LUCIE.

C'est cela... je meurs de faim... Et mon frère, va-t-il venir nous rejoindre ?

CHARLOTTE.

Votre ?... Ah ! oui, l'Anglais du hamac... Je l'ai laissé, qui mettait dans un grand carton des crayons, du papier blanc... j'ai deviné tout de suite qu'il vous apprêtait ça pour dessiner... C'est drôle, moi qui ne sais pas l'anglais... (S'en allant.) Je vas mettre trois couverts.

(Elle sort à droite.)

LUCIE.

A nous deux, maintenant !.. Vous allez me dire, madame, de quel droit vous avez tout-à-coup cessé d'être gaie et rieuse, comme une folle que vous êtes... et d'où vient cet air distrait, cette préoccupation ?... Car, enfin, depuis que nous sommes parties du Havre comme deux fugitives, pour retrouver ici, moi, mon frère qui m'attendait, toi, une autre personne qui ne t'attend pas, et que nous ne tarderons pas sans doute à rencontrer... C'est la première fois que je te vois ainsi... c'est ta première heure de silence et de mélancolie...

Air de madame Favart.

Quoi ! dans ce lit simple et modeste
Qui seul garnissait ton réduit,
Aurais-tu fait... tout me l'atteste...
Un mauvais rêve, cette nuit ?
C'est jouer de malheur, ma chère :
Car dans ce lit tu viens, je crois,
D'en laisser de plus doux à faire
A ceux qui viendront après toi.

FRANCINE.

Eh ! mon Dieu ! je n'ai pas fermé l'œil.

LUCIE.

Moi, j'ai dormi du plus profond sommeil, dans ce cabinet qui m'est tombé en partage... je crois que la montagne se serait écroulée sans m'éveiller... Ah ! mon Dieu ! serait-ce le visage froid et flegmatique de mon frère qui aurait paralysé ta gaîté ?.. Visage anglais, ma chère amie... figure-toi que tu es en face d'un de ces glaciers que nous voyons là-bas.

FRANCINE.

Le fait est qu'il a l'air un peu original, ton frère.

LUCIE.

Sauvagerie anglaise... mais un cœur d'or !

FRANCINE, lui tendant la main.

Il est de la famille.

LUCIE.

Allons ! voilà un mot qui prépare les confidences... Et d'abord, pourquoi as-tu dit à cette jeune fille que nous étions arrivées de matin ?

FRANCINE, embarrassée.

Oh ! je ne sais... Mais n'est-ce pas une idée de ton frère ? ne nous a-t-il pas fait entrer dans cet auberge presqu'en secret ? ne nous en a-t-il pas fait sortir ce matin, avant qu'on ne fût levé ?

LUCIE.

C'est vrai... mais je crois en savoir la raison... je l'ai devinée, à quelques mots qu'il m'a dits... Mon frère se doute, je crois, de la présence, dans ce canton, d'un jeune homme que j'ai rencontré hier au soir.

FRANCINE.

Ah ! oui... le jeune homme au parapluie... l'astre errant, qui reparaît périodiquement... d'abord, au Havre... puis, au lac de Genève..

puis, ici... enfin, on ne sait où... Car il te suit
continuellement, et, si tu voyages toujours, il
n'y a pas de raison pour qu'il s'arrête... A moins
que... Hein?... eh! bien?

LUCIE.

Eh! bien, je serai moins dissimulée que toi.

FRANCINE.

Tu l'aimes?

LUCIE.

Je n'ai pas dit cela!.. Mais enfin... (Naïve-
ment.) s'il faut te l'avouer, et tu sais bien que je
n'ai pas de secret pour toi... je ne suis pas fâchée
de l'avoir revu... vrai!.. Si c'est le hasard qui le
conduit sans cesse sur mon chemin... je suis
heureuse de ce hasard... si c'est l'amour qui l'at-
tache à ma poursuite, je suis fière de cet amour...
De toute façon, ces rencontres, fortuites ou
cherchées, ont quelque chose de romanesque,
d'imprévu, qui me plaît, parce que cela ne ressemble pas à tout... Ce n'est plus l'éternel monsieur qu'on vous présente par la main, dans un
salon, accompagné de quelque phrase banale :
M. le comte de... sollicite la faveur de vous
faire sa cour... ou bien : voici M. Vincent, notaire, qui serait bien aise de vous épouser...
Ha! ha! ha!

FRANCINE.

Comme cela vous monte la tête !

LUCIE.

Et puis, sais-tu qu'il est fort bien... Des ma-
nières douces, polies... et un son de voix si tou-
chant !   FRANCINE.

Il t'a parlé?

LUCIE.

Autrefois... mais pas hier... (A part.) Je ne
suis même pas sûre qu'il m'ait reconnue... mais,
moi, j'ai eu un tremblement... un éblouisse-
ment!.. je ne sais... oh! j'ai failli lui dire : c'est
vous !...

FRANCINE.

Ah! ça... et qu'est-ce que cela fait à ton frère,
puisque tu es veuve et libre ?.. ce que je t'en-
vie de toute mon âme !... je ne vois pas pourquoi..

LUCIE.

Tu ne vois pas que mon frère aura découvert
ici, par quelque indiscrétion... les hommes sont
si bavards !... la passion de ton jeune compatriote pour moi... et il me cache à ses yeux, il
m'éloigne de lui... comme un mari jaloux...
comme un frère espagnol... Mais il a bien tort :
car enfin, ce jeune homme, je ne sais, ni son
nom, ni son état... il ne pense peut-être plus à
moi... je ne le reverrai plus... Ah! c'est un
beau roman, qui n'aura eu que trois chapitres et
s'arrêtera au premier volume.

FRANCINE.

C'est fort bien... ton frère va nous enlever...
et si celui que je cherche, se trouvait près d'ici...
par hasard...

LUCIE, vivement.

Hein? comment? tu aurais des nouvelles?..

CHARLOTTE, reparaissant.

Mesdames, votre déjeûner est prêt...

LUCIE.

Ah! quel dommage!.. tu allais me dire...

FRANCINE.

Allons, viens... Prends ton album.

LUCIE.

Ah! c'est juste, j'oubliais!.. J'emporte ma montagne.

(Elle va prendre l'album, ramasser les crayons, etc.;
pendant ce mouvement, Francine s'approche vivement de Charlotte.)

FRANCINE, baissant la voix.

Vous êtes bien étourdie, ou bien négligente,
mon enfant.

CHARLOTTE.

Plaît-il, Madame ?

FRANCINE, de même.

On vous donne des rendez-vous...

CHARLOTTE, vivement.

Je n'y vais pas.

FRANCINE, de même.

On vous écrit des billets doux...

CHARLOTTE.

La belle avance!.. je ne sais pas lire.

FRANCINE.

Ah !... Et vous les laissez sur votre cheminée...

CHARLOTTE, avec exclamation.

Comment! vous...

LUCIE, se retournant.

Hein?

FRANCINE, bas à Charlotte.

Chut!

LUCIE.

Qu'y a-t-il ?..

FRANCINE.

Rien, rien...

ZURICH, en dehors.

Par ici, Monsieur, par ici!

FRANCINE.

Du monde !..

FRANCINE ET LUCIE, ensemble.

Air : Du Domino noir.

Quelqu'un vers nous s'avance !
    Avec prudence,
Évitons bien les indiscrets.
Craignons une surprise :
  Mon
      entreprise
  Ton
N'aurait alors aucun succès.

(Elles sortent à droite.)

SCÈNE II.

CHARLOTTE, ZURICH, puis BAGUENAU-
DIER.

ZURICH, chargé de paniers, d'assiettes, etc.

Eh! vite, Charlotte!.. faut dresser une autre
table... une grande... sous la tonnelle... toute la
société vient déjeûner au châlet.

CHARLOTTE.

Bah !

ZURICH.

Ils me marchent sur les talons... les uns après
les autres... le farceur, l'imbécile, le jeune, le
papa, la maman, la fille, le petit et l'anglais...
tout ça grimpe la montagne... (On entend rire
Baguenaudier.) Tiens! en v'là un... Débarrasse-
moi... j'ai la saignée sans connaissance.

BAGUENAUDIER, riant.

Ah! la folle nuit! la joyeuse nuit! la farceuse
de nuit!.. Je m'en suis donné pour dix-huit mois...

Histoire de rire... Ha! ha! ha! ha!.. Milord goddam dégringolant du haut de son hamac... Bien !.. Le juge-de-paix ne pouvant fermer l'œil et sautant comme un cabri, pour cause de perruque... Très bien !.. Madame Mathieu également incommodée, et courant toute l'auberge, à la recherche d'un lit moins piquant... Bravo!.. Le prince allemand passant la nuit sous la fenêtre de Mlle Mathieu et poussant des soupirs de... pharmacien... Excellant !.. Ernest cherchant... ce qu'il ne trouve pas... Délicieux!.. Et Pomard !.. (Imitant sa prononciation.) Ce sher Pomard, qui adore les vacances, les voyazes en Suisse et les shâlets... ah ! ah! ah! (Apercevant Zurich qui va sortir à droite, une corbeille à la main.) Ah! dis donc, toi?

ZURICH.

Pardon, Monsieur... c'est que je vais porter là-dedans !..

BAGUENAUDIER.

Veux-tu bien arriver, plus vite que ça, helvétique?..

ZURICH.

Voilà, voilà... Tiens, Charlotte, charge-toi de ça.

CHARLOTTE.

Donne. (Elle prend la corbeille et sort à droite.)

BAGUENAUDIER, vivement.

Eh bien! t'ai-je trompé? est-il venu?.. Réponds donc... Cette nuit? pour Charlotte?..

ZURICH.

Ah! Monsieur, je vous dois une fière chandelle... et il peut se vanter d'avoir eu une belle peur.

BAGUENAUDIER.

Bah !.. tu l'as donc vu?

ZURICH.

Pas seulement le bout de son nez... il faisait noir comme dans un four... Mais je l'ai entendu, qui rôdait autour de la porte, qui grattait, qui toussait... qui fredonnait un tas de petites chansons que je ne connais pas...

Quand on attend sa belle...
En avant, marchons,
Contre leurs canons...

BAGUENAUDIER.

Et alors, tu t'es élancé sur lui? tu l'as saisi au collet?.. tu l'as...

ZURICH.

Ah! bien, oui!.. élancez-vous donc comme ça sur des inconnus nocturnes, qui sont peut-être des grands coquins de cinq à six pieds... merci bien, Monsieur!.. une bonne gifle est bientôt attrapée... et vous ne me l'auriez pas rendue, vous.

BAGUENAUDIER.

Poltron! imbécile!

ZURICH.

Laissez donc... J'ai eu une autre idée, bien plus fine que la vôtre... Je ne suis pas si bête...

BAGUENAUDIER, se rapprochant.

Bah !... voyons.

ZURICH.

Figurez-vous, Monsieur, que j'ai, ici à côté, au moulin... deux magnifiques chiens des montagnes... deux compatriotes à moi... deux gros gaillards de bouledogues, qui, la nuit, ne connaissent personne... qui vous croqueraient, vous qui parlez, sans vous demander votre passeport... V'là comme nous sommes, nous autres montagnards!

BAGUENAUDIER, impatient.

Eh ! bien?

ZURICH.

Pour lors, voyant que l'inconnu continuait son jeu, je vous lui ai détaché mes deux concitoyens, en leur criant : Aux jambes! aux jambes!.. Qssss!.. qsss!.. Là-dessus, fallait entendre la dispute!.. Les chiens hurlaient, l'inconnu aboyait... je riais, moi!.. oh! mais, d'une manière indécente!.. ha! ha! ha! ha!

BAGUENAUDIER, riant aussi.

Ha! ha! ha! ha!.. Je crois l'entendre : oh! les shiens! oh! les vilains shiens!.. lâshez donc! ha! ha! ha!

ZURICH.

Bref, je ne sais pas au juste ce qui s'est passé entr'eux... mais l'affaire a dû être chaude... à preuve que l'un des trois... pas l'homme... m'a rapporté l'objet que voici.

(Il montre un morceau de drap.)

BAGUENAUDIER.

Un pan d'habit!.. vert!.. C'est Pomard !..

ZURICH.

Air : Qu'il est flatteur d'épouser celle.

Voilà l' butin de la bataille,
Conquis par ces deux fiers gaillards.

BAGUENAUDIER.

Corbleu! quel morceau! quelle entaille!..

ZURICH.

Ah! dame, nous autres montagnards!..
Homm's et chiens, nous sommes ingambes,
Et trop d'ardeur est not' défaut...
J'avais beau leur crier. Aux jambes!..
Je vois qu'ils ont visé plus haut...
Les farceurs ont visé plus haut.

ERNEST, en dehors.

Tu es fou.

POMARD, de même.

Tu as perdu la tête...

BAGUENAUDIER, bas et vivement.

Va-t'en et tais-toi!.. (Mouvement de Zurich.) Va-t'en, ou je te fiche une volée!..

ZURICH.

Merci, bien, Monsieur!

(Il sort à droite.)

SCÈNE III.

BAGUENAUDIER, ERNEST, POMARD : ensuite ZURICH, et enfin CHARLOTTE.

ERNEST, entre en riant.

Tu as rêvé cela, mon pauvre Pomard !

POMARD.

Ze te dis que tu es un fat...

BAGUENAUDIER, cachant le pan d'habit.

Qu'est-ce que c'est? qu'est-ce que c'est?

ERNEST, riant toujours.

Une bonne fortune de Pomard... Pomard en bonne fortune!

POMARD.

Tiens! pourquoi pas?.. Oui, z'ai des bonnes fortunes, oui, z'en ai!.. tu sais bien, mon sher Baguenaudier...

BAGUENAUDIER.

Quoi?.. quoi?..

ERNEST.

Allons donc!.. Je parie qu'il a dormi comme une marmotte, ou plutôt comme un mari qu'il est...

POMARD.

Ce n'est pas vrai !.. demande à Baguenaudier.

ERNEST.

Tu as tout au plus rêvé de ta femme... et tu oses me soutenir à moi, à moi, que Charlotte...

POMARD.

Oui, oui, Sharlotte!..

ZURICH, qui rentre,

Hein?..   (Il s'arrête à la porte.)

BAGUENAUDIER, l'apercevant.

Ah! ah! c'est charmant!.. qu'est-ce que vous dites de Charlotte?

POMARD.

Moi, ze dis que ze sais très bien où elle a passé la nuit.

ZURICH, à part.

Lui!

ERNEST.

Toi?.. allons donc !.. la preuve que tu ne le sais pas...

POMARD.

La preuve?.. ça se dit entre confrères... la preuve?

ERNEST.

C'est que j'y avais rendez-vous!

ZURICH.

Lui!

BAGUENAUDIER.

Bah! (Riant.) Ah! ah! ah!

POMARD, riant.

Laisse donc!.. ce pauvre Ernest!.. ah! ah! ah!

ERNEST, de même.

Ce pauvre Pomard!.. ah! ah! ah!

ZURICH, perdant la tête.

Vous! lui!.. celui-ci! l'autre!.. Oh! meingot!

LES TROIS.

Ah! ah! ah! ce pauvre Zurich!

ZURICH, sortant à droite et appelant.

Charlotte! Charlotte!..

POMARD, au fond.

Eh! voici les autres. (Criant.) Par ici, par ici !
(Il reste au fond et fait des signes.)

BAGUENAUDIER, prenant Ernest à part, pendant
que Pomard est au fond.

Comment! vrai? la petite Charlotte...

ERNEST.

M'avait donné rendez-vous... certainement.

BAGUENAUDIER.

Bah!.. mais après?.. ce que vous venez de nous dire?..

ERNEST.

Est à moitié vrai... Après la chute de l'Anglais, je me suis élancé dans la chambre... Là, n'y voyant goutte et marchant au hasard, j'ai rencontré dans l'ombre une taille fine et souple, une main de femme, que j'ai saisie... et j'ai commencé par risquer un baiser... J'allais m'enhardir... quand tout-à-coup un grand bruit s'est fait entendre... tout l'hôtel était en mouvement...

Alors, ma foi, craignant d'être surpris, je me suis échappé par la fenêtre... c'etait un rez-de-chaussée, Dieu merci!

ZURICH, rentrant avec Charlotte, qu'il conduit par la
main.

Viens, Charlotte! explique-toi!.. justifie-toi!

CHARLOTTE, qui porte une assiette de fraises.

Mais mes fraises!.. mais laissez donc.

ZURICH.

On t'accuse!.. on veut ternir ta blancheur!.. j'avais raison d'être jaloux!

BAGUENAUDIER.

Oui! oui!.. il faut que cela s'explique... il faut que l'innocence éclate au grand jour... quand nous devrions organiser un tribunal.

POMARD, approuvant.

Un tribunal!.. Ah! oui, ce serait zentil.

ERNEST.

Messieurs! messieurs!..

SCÈNE IV.

LES MÊMES, M. MATHIEU; Mme MATHIEU,
CLAIRE, LOLO, PAULIN, entrant par le
fond.

BAGUENAUDIER.

Justement, voilà ce qu'il nous faut... Arrivez, M. le juge-de-paix, arrivez... l'innocence accusée vous invoque et vous appelle.
(M. Mathieu entre, tenant sa femme sous le bras et
portant Lolo. Paulin arrive plus tard avec Claire.)

MATHIEU, sans l'écouter.

Si quelqu'un peut me dire ce que je suis venu faire en Suisse?.. Ouf! une demi-lieue à pic!.. ma fille égarée! ma femme qui rit! Lolo qui pleure!..   (Il s'assied au milieu de la scène.)

Mme MATHIEU, très éveillée.

Mais, mon ami, la montagne est charmante... ravissante!.. Je me sens d'une légèreté!..

MATHIEU.

Elle est tombée trois fois.

LOLO.

J'ai faim.

MATHIEU.

Bon! à l'autre!.. il a déjà avalé trois pintes de lait!.. qu'est-ce que cela va devenir?
(Il va pour se lever.)

BAGUENAUDIER, le retenant sur sa chaise.

Non, non! ne bougez pas... vous êtes à votre place, mon juge.

MATHIEU.

Allez vous promener!.. ne vous suffit-il pas, Monsieur, d'avoir pelé ma perruque?.. (Se découvrant.) Voyez votre ouvrage!

BAGUENAUDIER.

Ça repoussera... Il s'agit de juger.

MATHIEU.

Allez au diable !.. Je suis éreinté... je n'en peux plus.

BAGUENAUDIER.

Ingrat!.. Quand je veux vous rendre en Suisse vos plaisirs de Paris... quand l'innocence vous tend les bras!.. Où est-elle donc, l'innocence?.. Approche, Charlotte, et tends les bras à monsieur.

ZURICH.

Et moi?

BAGUENAUDIER.
Toi, mon garçon, mets-toi là, à côté d'elle, en face du tribunal.

MATHIEU.
Qu'est-ce qu'il dit? qu'est-ce qu'il dit?... Mais ma fille!.. Mme Mathieu, je ne vois pas Claire.

POMARD.
Comment! vous ne voyez pas... Ah! oui.. oh! z'y suis.

Mme MATHIEU, au fond.
Eh! la voilà, la voilà, cette chère enfant.

POMARD.
Elle donne le bras à l'apo... au prince Allemand.   (Entrent Claire et Paulin.)

MATHIEU, voulant se lever.
Ah! je vais...

BAGUENAUDIER, le retenant sur sa chaise.
Bravo! c'est le public qui nous arrive... ils feront masse avec Mme Mathieu... Vous êtes juge-de-paix... je suis avocat... voici deux avoués... l'un spirituel, l'autre... au contraire...

POMARD, à Ernest.
Ne fais pas attention, mon sher... ça se dit entre confrères.

BAGUENAUDIER.
Chacun de nous va se croire à son tribunal... C'est beau de rendre ainsi la justice en courant!

POMARD.
Oui, oui, sharmant! (A Ernest.) Quel satané farceur, hein!.. Ze l'adore.

Mme MATHIEU, assise à gauche.
De quoi s'agit-il donc?.. Qu'est-ce qui...

BAGUENAUTIER.
Silence!.. plaidons et jugeons.

MATHIEU, criant.
Juger quoi? juger quoi? (A part.) Qu'est-ce que je suis venu faire...   (Il va pour se lever.)

BAGUENAUDIER, le retenant sur sa chaise.
Silence donc!..
(M. Mathieu est assis au milieu du théâtre, tenant son fils sur ses genoux. Baguenaudier est à sa gauche, ayant auprès de lui Charlotte et Zurich, et s'appuyant, pour plaider, sur le dossier d'une chaise. Ernest est à gauche de Baguenaudier sur l'avant-scène. Pomard est à l'autre extrémité, près de Mme Mathieu et de Claire qui sont assises. Paulin se tient debout derrière elles.)

BAGUENAUDIER, plaidant.
Messieurs! je viens plaider la cause de l'innocence que voici, (A Charlotte.) La révérence, jeune fille!.. (Reprenant.) Et c'est avec confiance que je me présente devant ce trib... (Il s'arrête en pouffant de rire, et s'approche de Mathieu.) Pardon, M. Mathieu... si vous pouviez tourner votre perruque?.. c'est que ce diable de côté pelé...

MATHIEU, tournant sa perruque avec colère.
A la fin, monsieur, vous me fatiguez, vous m'agacez!.. et je vous déclare...

BAGUENAUDIER, retournant à sa place.
A la bonne heure!.. le profil droit de la perruque est infiniment plus avantageux.

TOUS, riant.
Ah! ah! ah! ah!

POMARD, riant plus fort et plus long-temps.
Ah! ah! ah! ha! qu'il est donc drôle! qu'il est donc zentil!

TOUS, pendant qu'il rit.
Silence!

POMARD, s'arrêtant tout-à-coup.
Silence donc!

MATHIEU, se fâchant.
Au fait, monsieur!

BAGUENAUDIER.
Le fait? le voici... (Élevant la voix d'une manière glapissante.) Je suis une jeune fille, messieurs!.. une jeune fille de ces montagnes, dernier refuge de la vertu et de la candeur, en Europe... Je n'ai jamais quitté les beaux vallons de l'Helvétie... mes pas n'ont jamais dépassé l'ombre du châlet maternel... pour moi, l'univers commence au pic de Wengern Alp pour finir au glacier de Schlafbuhl...

POMARD.
Ah! quel fishu nom!.. quel shien de nom!

TOUS.
Silence!

POMARD.
Silence!

BAGUENAUDIER, continuant.
Où donc aurais-je appris comment on fait le mal?.. Et l'on m'accuse pourtant!.. l'on m'accuse, moi, Charlotte-Kettly-Zug-Appenzel, (Pomard rit aux éclats.) d'avoir donné asile, cette nuit, à deux séducteurs!..

CHARLOTTE.
Moi! jai donné asile!..

Mme MATHIEU.
Deux séducteurs!.. C'est intéressant...
                (Elle rapproche sa chaise.)

POMARD.
C'est-à-dire, à deux...

TOUS.
Silence!

POMARD.
Silence!

BAGUENAUDIER.
Pour cela, messieurs, pour engendrer une pareille énormité, un pareil crime... tranchons le mot, une pareille inconséquence!.. il fallait que du centre de la corruption, du grand foyer d'immoralité, de Paris enfin, il vînt en ces lieux deux hommes... Que dis-je! deux hommes!.. Non, messieurs... deux avoués!

TOUS.
Deux avoués!
(Les yeux se portent sur Ernest et Pomard.)

ERNEST, bas à Baguenaudier.
Ah! ça, pas de bêtise... vous allez trop loin.

BAGUENAUDIER, de même.
Laissez donc... histoire de rire!.. (Haut.) Ils m'ont vue, ces deux hommes, et mes funestes appas leur ont inspiré de coupables pensées... Oui, messieurs, oui, une tentative a été faite, cette nuit, près de ce châlet même, contre moi, contre ma vertu... tentative avec escalade, par un avoué immoral...

POMARD, à part, se levant.
Hein!.. Qu'est-ce qu'il va dire?..

BAGUENAUDIER.
Tenez, tenez, il se trahit lui-même!
                (Pomard cherche à se cacher.)

POMARD, à part.
C'est bête, ça, c'est bête!

Mme MATHIEU.
Ah! monsieur Pomard!.. un homme marié!

BAGUENAUDIER, continuant.

Et je ne sais ce qu'elle serait devenue, ma malheureuse vertu, sans mon fiancé, sans cette honnête figure de Suisse, qui veillait sur moi... Il était seul contre un, le courageux montagnard... seul contre un, messieurs !.. Eh bien ! il n'a pas reculé devant le nombre... Il a bravement lâché deux énormes chiens de montagnes, qu'il cultivait pour son ménage, dans les jambes de l'agresseur... lequel, assailli, poursuivi, mordu, lacéré...   (On rit.)

POMARD.

Ce n'est pas vrai ! ce n'est pas vrai !

BAGUENAUDIER, élevant la voix.

Ce n'est pas vrai !.. Démentez donc ce témoin irrécusable, qui est resté dans mes mains !.. ce pan !   (Il montre le pan d'habit.).

POMARD, à part.)

Mon pan !.. (A Baguenaudier.) Fishtre ! mon sher...   BAGUENAUDIER.

Ah ! vous êtes confus, interdit !.. Oui, ce pan, témoignage de notre honneur bien défendu... ce pan, preuve vivante et palpable... ce pan, arraché à l'habit du coupable... Et quand je dis : son habit !.. Qui sait si les dégâts ne se sont pas étendus plus haut et plus avant ?.. (On rit.) Nous pourrions demander une expertise !..
                    (On rit plus fort.)

POMARD.

Ze la refuse !.. Il ne manquerait plus que ça !..

ERNEST, riant plus fort.

Ah ! ah ! ah !.. mon pauvre Pomard !

PAULIN.

Si monsieur a besoin de vulnéraire... suisse ?...

ZURICH, à Pomard.

Ah ! ah ! c'est vous, l'homme au pan !..

POMARD, à Zurich.

Ah ! ah ! c'est toi, l'homme aux shiens !..

MATHIEU, se levant.

Il est clair que cette petite l'a échappé...
                    (Il se rassied.)

Mᵐᵉ MATHIEU.

Elle l'a échappé belle !

CHARLOTTE.

Dam ! quand je le disais !

BAGUENAUDIER, reprenant son plaidoyer.

Voilà pour un séducteur !.. Mais l'autre, messieurs... l'autre, qui prétend s'être introduit dans notre chambre, à l'auberge, tandis que son confrère nous cherchait au châlet...

ERNEST, bas à Baguenaudier.

Baguenaudier ! je vous défends...

POMARD, triomphant.

Si !.. si !.. shacun son tour !

BAGUENAUDIER.

Eh bien ! d'un mot, je pulvérise cette indigne prétention... d'un mot, j'écrase cette fatuité *ultrà*-judiciaire... Cette chambre, où il s'est glissé en effet, après avoir quitté la sienne, après avoir franchi deux Anglais, situés, l'un dans un hamac, l'autre sur un fauteuil...
                    (Mathieu s'endort peu à peu.)

ERNEST, lui tirant l'habit.

Baguenaudier !..

POMARD.

Va donc ! va donc !..

CHARLOTTE.

Dites toujours !

BAGUENAUDIER.

Cette chambre, messieurs... je n'y étais pas !
                    (Il quitte sa place.)

ERNEST.

Hein ?

CHARLOTTE.

Pardine ! puisque j'étais ici !

ERNEST.

Qu'est-ce qu'elle dit ?

ZURICH.

Puisqu'elle était ici !

POMARD, riant.

Ah ! ah ! ah !.. fanfaron de fat !

ERNEST, tout troublé.

Voilà qui est fort !.. Mais non, c'est impossible... (Haut.) Charlotte a passé la nuit...

BAGUENAUDIER, triomphant.

Dans ce châlet.

POMARD, riant.

Dans ce shâlet...

CHARLOTTE et ZURICH.

Dans ce châlet !

ERNEST, à part.

Ah ça ! voyons donc... je n'ai pas rêvé... (A demi-voix.) Comment, Charlotte ! tu me soutiendras, à moi, en face, que tu n'étais pas...

CHARLOTTE.

Mais non, monsieur !

ZURICH, qui écoutait.

Mais, non !

POMARD, de même.

Eh ! tu le sais bien !.. gueux de fat !

ERNEST, très agité, à part.

Ah ! mon Dieu !

Mᵐᵉ MATHIEU.

Dam ! si cette jeune fille assure..,

ERNEST.

Sans doute, oui... Je comprends... j'avoue... Mais cependant... quelqu'un occupait cette chambre... On l'avait donc cédée ?..

CHARLOTTE.

A l'Anglais !..

BAGUENAUDIER.

A l'Anglais !..

ERNEST.

Mais, non !

POMARD.

A l'Anglais !..

Mᵐᵉ MATHIEU.

Mais, s'il y avait une femme !.. Ah ! quel tissu d'horreurs !.. n'écoutez pas, ma fille !

BAGUENAUDIER, bas à Paulin.

Parlez-lui, mon prince !

PAULIN, de même.

Je ne fais que ça.

ERNEST, à part.

Mais qui donc ? qui donc ?..

BAGUENAUDIER, reprenant le ton d'avocat.

En conséquence, nous demandons qu'il plaise au tribunal de décla... Ciel ! il dort !.. la justice s'est endormie !   (Eclats de rire.)

Mᵐᵉ MATHIEU, comme frappée d'un souvenir et à demi-voix.

Grand Dieu !.. mais j'y pense... M. Ernest !.. et moi, qui, cette nuit, ne pouvant tenir dans ce lit, qui me picotait... Ah !.. je me soutiens à peine !..

ERNEST.

Que dit-elle?

BAGUENAUDIER.

Bon!.. elle s'évanouit!.. Prince, soutenez votre belle-mère!

CLAIRE.

Maman!..

BAGUENAUDIER, à Ernest.

Quel trait de lumière!... Malheureux! c'est elle, c'est Mme Mathieu!..

ERNEST.

Taisez-vous!

POMARD, pouffant de rire.

Ah! bah!..

ERNEST.

Juste ciel!.. Ah! je sens une sueur froide... je... (Il chancelle.)

BAGUENAUDIER.

A l'autre, maintenant!.. Soutiens ton ami, Pomard!

ZURICH, à droite, embrassant Charlotte,

Ah! Charlotte! Charlotte, tu es innocente!..

BAGUENAUDIER, au milieu, se frottant les mains.

Bon!.. ça chauffe à gauche!

PAULIN, de l'autre côté, profitant du trouble général et baisant les mains de Claire.

Ah! mademoiselle... ma vie... ma vie entière!..

BAGUENAUDIER.

Bien!.. ça brûle à droite!..

MATHIEU, se réveillant au milieu du bruit, et faisant tomber Lolo qui dormait aussi sur ses genoux.

Hein? qu'est-ce que c'est?.. Arrêtez-les tous!..

BAGUENAUDIER.

Bon! la justice se réveille... Bouquet!..

ENSEMBLE.

Air du Domino noir.

BAGUENAUDIER ET POMARD.

Quel désordre affreux, épouvantable!
Chacun perd la tête... Ah! quel bonheur!
Oui, chacun ici se donne au Diable;
Et, de tout cela, voici l'auteur!

ERNEST.

Quel est ce mystère épouvantable?
Et quel trouble affreux saisit mon cœur!
Le doute, qui naît et qui m'accable,
D'avance me fait trembler de peur.

TOUS LES AUTRES.

Quel mystère affreux, épouvantable!
De qui donc fut-il le séducteur?
Où, comment et quand fut-il coupable?
Quel est ce secret rempli d'horreur?

(Baguenaudier tombe sur une chaise, en riant aux éclats. Pomard se jette sur la chaise qui est en face de Baguenaudier, et rit plus fort que lui.)

SCÈNE V.

LES MÊMES, SIR SPENCER.

(Sir Spencer, portant un carton de dessin, entre, se trouve en face de Baguenaudier et s'arrête avec surprise.)

BAGUENAUDIER, sautant de sa chaise et redoublant ses éclats de rire.

Allons!.. bon!.. bien!.. il ne manquait plus que celui-là!.. Complet!.. comme les omnibus... Bravo! l'Anglais!.. Ah! tu ne sais pas le français,

toi!.. Vivat pour le goddem!.. hurra pour milord Beefsteack!.. Que tu as l'air bête, va!.. Je me fiche de toi, mon ami.

(Sir Spencer tire encore son agenda et écrit.)

ERNEST, s'élançant vers Sir Spencer.

Lui!.. lui seul peut m'apprendre... Ah! monsieur, parlez...

(Sir Spencer, en voyant Ernest, témoigne une vive contrariété.)

POMARD.

Il s'adresse à l'Anglais!

BAGUENAUDIER.

C'est ça... de mieux en mieux!..

ERNEST.

Mais qui donc me dira, m'apprendra...

ZURICH, qui était sorti, rentrant.

Messieurs, le déjeûner est servi sous la tonnelle... (Mouvement de satisfaction.)

CHARLOTTE, rentrant par la droite, à la cantonade.

Oui, mesdames, oui...

ERNEST, courant à elle.

Charlotte!..

PAULIN, à Baguenaudier et à Pomard.

Ah! monsieur, que je suis heureux!.. elle m'aime, elle me l'a dit... mais comment l'obtenir?..

BAGUENAUDIER.

Apothicaire, ça ira tout seul.

POMARD.

Farceur, va!

ERNEST, bas à Charlotte.

Charlotte!.. sois franche, dis-le moi, à moi seul... le billet au crayon, écrit par toi... Hein! c'était toi, avoue.

CHARLOTTE.

Mais, non, monsieur!.. Mais quel billet?.. puisque je ne sais pas écrire!

Mme MATHIEU, qui s'est approchée, à voix basse.

Ah! monsieur Ernest...

ERNEST, se retournant.

Madame...

Mme MATHIEU.

Lorsque je fuyais ma chambre, cherchant un autre asile, jugez!.. jugez si cette porte fatale se fût trouvée devant moi!..

ERNEST.

Quoi! madame, ce n'était donc pas...

Mme MATHIEU.

Monsieur!..

ERNEST, s'oubliant.

Ah! pardonnez... la surprise... la joie!..

Mme MATHIEU.

Insolent! (Elle s'éloigne de lui.)

TOUS.

Air : Galop.

Et, maintenant,
Allons gaiment
Nous mettre à table:
Moment aimable!
Plaisir sacré, repas joyeux,
Qui nous suit en tous lieux!

(Ils sortent au fond.)

SCÈNE VI.
ERNEST, seul.

Ah! je respire... Dieu merci! me voilà rassuré... de ce côté-là, du moins... vieille folle!.. Mais Charlotte?.. si ce n'est pas elle qui m'a écrit... Mais si fait! cette petite Charlotte est une hypocrite... une bégueule... D'ailleurs, ici, en présence de tout ce monde... Oh! plus tard, avec moi, elle conviendra... parbleu!..

(Il va pour sortir.)

SCÈNE VII
ERNEST, LUCIE.

LUCIE, entrant par la droite et parlant à la cantonnade.
Oui... une entêtée, une dissimulée, qui ne veut rien me dire... (A part.) A qui écrit-elle?

ERNEST, s'arrêtant au fond.
Ah!.. une dame.

LUCIE, à part.
Et mon frère, qui veut partir d'ici à l'instant!.. Conçoit-on...

ERNEST.
Eh! mais!.. est-ce encore une illusion?

LUCIE.
Soit!.. il faut obéir et je vais..,

ERNEST, se trouvant en face d'elle.
Grand Dieu!

LUCIE.
C'est lui! (Voulant se retirer.) Pardon, monsieur...

ERNEST.
Oh! de grâce... ne me fuyez pas!.. prenez pitié de moi!.. Espérer, attendre toute une année cet instant de joie, ce bonheur si rare... et me le voir disputer encore, quand je crois le saisir!.. Oh! madame, est-ce là de la bonté?.. Est-ce même de la justice?..

LUCIE, gaîment.
Je ne savais pas, monsieur, que le hasard méritât récompense.

ERNEST, avec feu.
Le hasard!.. Oui, au Hâvre, peut-être, quand je vous vis pour la première fois... Mais, plus tard, à Genève, ce fut mon bon ange... et aujourd'hui, l'amour le plus vrai et le plus profond!.. (Mouvement de Lucie.) Oui, madame, oui, c'est cette pensée constante qui, depuis deux ans, m'entraîne partout à votre poursuite et me fait deviner la trace de vos pas... Cela, du moins, mérite récompense... et la mienne est dans un seul mot : Restez.

LUCIE.
Eh bien! vous le voyez, monsieur... je reste... Mais pour vous dire que cet amour ne peut faire qu'un malheureux... deux, peut-être!.. pour vous prier de cesser des poursuites, au moins imprudentes... J'ai un frère... un frère, dont la volonté est sacrée pour moi, et qui ne consentira jamais...

ERNEST.
N'achevez pas!.. Pourquoi donc s'opposerait-t-il à mes projets de bonheur, si vous les approuvez?.. Oh!.. dites un mot, madame, et je cours le trouver, à Londres, s'il le faut...

LUCIE, gaîment.
Eh! mon Dieu! vous n'irez pas si loin... il est ici.

ERNEST.
Ici, madame?.. Oh! tant mieux, je le verrai... je serai son guide, son Cicerone dans ce pays, que j'ai déjà parcouru... je le conduirai partout, madame... avec vous!.. vous me permettrez d'être votre chevalier... Quelles délicieuses promenades!.. votre bras que je presse doucement, tandis que votre frère admire...

LUCIE, riant.
Ah! comme vous arrangez cela!

ERNEST.
Sa demeure, madame?.. Sans doute, dans quelque hôtel du voisinage...

LUCIE.
Eh! mais, dans le même que moi.

ERNEST.
Ici près?..

LUCIE.
A la *Croix de Malte*.

ERNEST.
A la *Croix de Malte*!.. Permettez... à l'entrée du village, à droite?..

LUCIE.
C'est cela même.

ERNEST.
C'est précisément là que je suis descendu... (A part.) Ah! mon Dieu! pourvu qu'elle ne sache pas... qu'on ne lui parle pas... Maudite aventure!

LUCIE.
Que dites-vous, monsieur?

ERNEST.
Rien, rien, madame... Je dis seulement qu'il est singulier... je ne comprends pas que...

LUCIE.
Que vous ne m'ayez pas aperçue?.. c'est tout simple... lorsque j'y suis descendue hier, la soirée, la nuit même était déjà fort avancée, et..

ERNEST, un peu troublé.
Ah!.. Mais... pardon de ces détails... mais je crois que tous les appartemens de cet hôtel étaient occupés...

LUCIE.
Oh! mon frère m'attendait...

ERNEST.
Comment! votre frère... cet anglais que j'ai vu, là-bas, dans un hamac!.. et ici, tout à l'heure encore!..

LUCIE.
C'est lui... J'ai su ce matin qu'il a fallu déloger, pour avoir un appartement, quelques personnes de la maison... une fille d'auberge, je crois...

ERNEST, à part.
Ah! mon Dieu!.. (Haut, avec agitation.) Mais vous ne m'aviez pas vu dans la montagne?

LUCIE.
Si fait, monsieur.

ERNEST, plus troublé.
Vous ne me saviez pas dans cette maison?

LUCIE.
Peut-être.

ERNEST, hors de lui.
Mais alors, cette chambre!..

LUCIE.
En voyage, comme à la guerre... Oh! moi, d'abord, je me trouve bien partout... jugez, quand je me trouve près de mes amis... (Ernest la regarde, elle change de ton et baisse les yeux.) de mon frère, veux-je dire!..

ERNEST, *jetant un cri.*

Ah!.. elle s'est trahie!.. (Courant à elle.) Ah ! grâce, madame, grâce pour moi!.. J'avais perdu la raison, j'étais dans le délire... votre froideur m'avait fait si malheureux!.. moi qui vous aime tant, et depuis si long-temps!.. moi, qui n'ai qu'un vœu, qu'un espoir, qu'une ambition, D'être un jour... Ah! pardon, pardon!

LUCIE, *très étonnée.*

Vous pardonner?... mais quoi donc, monsieur?..

ERNEST.

Air : Faut l'oublier.

Oui, je mérite votre blâme...
Mais vous devez me pardonner :
Mon cœur semblait vous deviner,
Quand j'ai lui... par respect, madame.
De tout ce monde, un mot, un rien,
Pourrait éveiller la malice!..
J'eus tous les torts, je le sens bien...
Ce secret, dont je fus complice,
Je le tairai... ne craignez rien !

Cet hôtel est plein de gens indiscrets, bavards... on saurait bientôt... on sait déjà peut-être!..

LUCIE, *plus sérieusement.*

Mais, quoi donc?.. monsieur? quoi donc !.. expliquez-vous...

ERNEST.

Que cette chambre, cédée par la fille d'auberge... cette chambre, où vous avez passé la nuit...

LUCIE, *vivement.*

Mais pas du tout !

ERNEST.

Comment ?

LUCIE.

Je ne vous comprends pas, je ne sais tout ce que cela veut dire... mais, cette chambre, monsieur, ce n'est pas moi qui l'ai occupée.

ERNEST, *interdit.*

Pas vous ! pas vous !.. Mais, madame...

SCÈNE VIII.

LES MÊMES, POMARD.

POMARD, *accourant du fond, une lettre à la main.*

Eh ! oui, c'est pour moi, Pomard.

ERNEST, *furieux.*

Que le diable l'emporte !..

LUCIE, *frappée de ce nom ?*

Pomard !

POMARD, *s'avançant.*

Hein !.. madame a prononcé mon nom.

ERNEST, *vivement.*

Eh ! non, non... va lire ta lettre... va-t'en donc !

POMARD.

Mais si fait... z'ai bien entendu...

LUCIE.

En effet, monsieur... ce nom m'a frappée en me rappelant... Monsieur n'est-il pas avoué, à Paris?

POMARD.

Zuste.

ERNEST, *à demi-voix.*

Zuste!.. imbécile!.. mais va-t'en donc... au nom du ciel !

POMARD.

Madame me connaît? madame m'a vu quelque part?.. (Bas à Ernest.) Hein ! dis donc, elle est très zentille, cette femme-là.

(Ernest lui tourne le dos avec impatience.)

LUCIE.

Pardon, monsieur... c'est que je crois avoir connu, au Hâvre, M**me* Pomard... une jeune femme bien abandonnée, bien malheureuse...

POMARD, *vivement.*

C'est ma femme.

LUCIE.

Ah!.. (A part, en le regardant.) Comment! c'est là...

POMARD.

Comme ça se trouve !.. Eh! mais, z'y pense, c'est peut-être madame qui s'était scharzée de cette lettre, qu'on me remet à l'instant...

LUCIE.

De M**me* Pomard ?

POMARD.

D'elle-même.

LUCIE, *à part.*

Je comprends... elle lui écrivait.

POMARD.

Air : Vaudeville de l'Héritière.

Ze conçois sa douleur mortelle :
Loin de moi, loin de son mari,
Il n'est pas de bonheur pour elle...
Madame pense-t-elle ainsi ?
(Bas à Ernest.)
Oui, ze crois qu'elle pense ainsi.
LUCIE.
En effet... la voyant chagrine,
Souvent c'est ce que je lui dis...
(A part, regardant Pomard.)
Mais à présent... Pauvre Francine !..
Je ne suis plus de mon avis.

(Haut.) Messieurs...

ERNEST, *allant vivement à elle.*

Ah ! madame, vous ne me quitterez pas ainsi...

LUCIE.

Pardon; je rejoins mon frère.

(Elle sort par le fond.)

POMARD, *le retenant.*

Mais, Ernest, dis-moi donc...

ERNEST.

Ce n'est pas elle !..

POMARD.

Pas Sharlotte?.. non, mon sher, elle était dans le shâlet, comme te l'a dit Baguenaudier... Ah! quel tour !

ERNEST.

Baguenaudier!.. Ah! c'est indigne... m'avoir joué, trompé!.. Oh! je le verrai !

POMARD.

Quelle bêtise !.. ça se fait entre confrères.

ERNEST.

Mais, elle, d'abord, je veux la revoir, la supplier...

POMARD, *le suivant.*

Que veux-tu dire?..

ERNEST.

Eh ! va te promener !

(Il sort rapidement par le fond.)

SCÈNE IX·

POMARD, interdit.

Ah!.. Il ne me l'a pas mâshé!.. (Imitant Ernest.) Eh! va te... Il paraît que ça se dit entre... Mais voyons donc, voyons donc ma lettre... (Il la décachète.) Cette pauvre petite *mame* Pomard!.. elle est bien tranquille, au Hâvre-de-Grâce... shez sa bonne femme de mère... Elle fait du zardinaze, comme une petite veuve, en pensant à moi... pendant que son coquin de... Pendard que ze suis!.. C'est dans le sang, ces shoses-là... c'est dans le sang... Voyons donc, voyons donc...

(Il commence à lire et marmotte entre ses dents.)

SCÈNE X.

POMARD, puis Mme POMARD.

POMARD, continuant sa lecture.

Hein! qu'est-ce qu'elle dit là?.. (Lisant.) «Mon cousin Gustave, de l'École-Polytechnique, est ici, depuis huit jours...» (S'interrompant avec inquiétude.) Comment! ce grand shâtain qui la regarde toujours avec des yeux... comme des becs de gaz!.. Mais ça ne se peut pas... il est à Paris, à son école... Pardine! sans cela!.. (Comme frappé d'une idée.) Ah! que ze suis bête! il est en vacances!.. Les écoliers, les étudians, les avoués, les petits cousins, tout le monde est en vacances... C'est un abus!.. (Il continue à lire.) «Il ne me quitte pas une minute...» Ça n'est plus drôle, savez-vous... «et je ne sais pas ce qu'il a depuis quelque-temps...» Ah! ah! «mais chaque fois qu'il s'assied près de moi...» Oh! «ou qu'il me parle...» Oh! oh! «ou qu'il me prend la main... il... il... (Traversant le théâtre.) Ah! fishtre!.. ah! sapristie!.. le cashet a enlevé la phrase!.. (Cherchant à lire.) Il... il... (Criant.) Quoi, *il*? quoi donc, *il*?.. Sacrrr!.. (Apercevant tout-à-coup Mme Pomard, qui est sur le seuil de la porte à droite.) Dieu!.. ma femme!.. ma f... (Il court à elle, la prend par le bras, lui met la lettre sous les yeux et lui crie de toutes ses forces.) Quoi, *il*?.. quoi, *il*, madame?..

Mme POMARD, froidement.

Il... me dit que je suis abandonnée, délaissée, tandis que vous prenez vos ébats en Suisse, et que vous mériteriez...

POMARD.

Assez! assez!... Ah! grand brigand de shâtain!.. Mais comment! c'est toi?.. toi?.. ici?.. en Suisse?.. ze tombe à la renverse.

Mme POMARD, de même.

Aimeriez-vous mieux que je fusse au Hâvre?

POMARD, criant.

Non pas!.. Mais... mais comment? pourquoi? à quel propos? depuis quand? avec qui?..

Mme POMARD, de même.

Avec qui je suis je suis venue?

POMARD.

En Suisse... oui.

Mme POMARD, d'un air dégagé.

Eh mais! monsieur, peut-être avec mon cousin.

POMARD.

Mme Pomard!

Mme POMARD.

Et pourquoi non?

POMARD, indigné.

Pourquoi non?.. Parce que ce serait un crime, madame... parce que ce serait... un crime!.. madame!

Mme POMARD.

Vous le prenez sur ce ton?.. Et votre conduite, monsieur... comment la justifierez-vous?..

POMARD.

Il ne s'azit pas...

Mme POMARD, pleurant.

Ah! je suis une petite femme bien heureuse...

POMARD, à part.

Bon! une averse!

Mme POMARD.

On choisit un mari tout exprès... bien laid...

POMARD.

Hein?

Mme POMARD.

Pas spirituel...

POMARD.

Francine!..

Mme POMARD.

Pour en être plus sûre, et l'avoir à soi seule... Ça m'a bien réussi!.. (Le regardant.) Infidèle, avec cette figure-là!.. c'est avoir du malheur!..

POMARD.

Ah ça! mais, ah ça! mais!..

Mme POMARD, quittant tout-à-coup le ton larmoyant et serrant son mouchoir.

A nous deux, M. Pomard!... nous avons un compte à régler, et ce ne sera pas long.

POMARD.

Bon! l'oraze, à présent!..

Mme POMARD.

Dites-moi...

POMARD.

Mais d'abord, madame, vous qui parlez, dites-moi...

Mme POMARD, complétant son idée.

Avec qui je suis venue?.. Oh! je puis vous le dire... moi, monsieur, je ne crains rien... Je suis venue avec une anglaise, une compagne de pension, une bonne et véritable amie, qui m'a vue au Hâvre, triste, abattue, les yeux rouges... Elle a eu pitié de moi... elle, qui est heureuse... elle, qui est veuve!

POMARD.

Hein!.. vous voulez mon trépas!..

Mme POMARD.

Elle venait en Suisse... juste, aux lieux où je savais vous trouver, ingrat!.. et c'est pour sauver mon honneur et le vôtre, que je suis partie avec elle.

POMARD.

Tu as bien fait, tu as bien fait!.. (A part.) Ze l'ai échappé belle!.. (Haut, allant pour l'embrasser.) Ah! Francine, permets que ze...

Mme POMARD, le repoussant.

Jamais! monsieur, jamais!.. après votre infâme trahison!..

POMARD.

Par exemple!..

Mme POMARD.

Vous osez la nier, Hippolyte!

POMARD.

Ze la nie comme un enrazé.

Mᵐᵉ POMARD.

Comment!.. lorsque, dans mon impatience, je me croyais si heureuse de vous rencontrer dans cette auberge, *à la Croix-de-Malte...*

POMARD.

Bah! c'est là...

Mᵐᵉ POMARD.

Qu'ai-je découvert!.. .

POMARD.

Quoi? quoi?.. (A part.) Ce sont mes fredaines.

Mᵐᵉ POMARD.

Et monsieur est jaloux!.. (Lui présentant un papier.) M. Pomard, connaissez-vous ce billet?

POMARD, à part.

Mon poulet!.. ze suis pincé.

Mᵐᵉ POMARD.

Ce billet, que j'ai trouvé dans la chambre de cette jeune servante... monstre!.. Ah! il vous faut des Charlottes!.. Ah! je vous en donnerai, moi, des filles d'auberge!.. Mais répondez donc, répondez donc!..

POMARD, embarrassé.

Ah! dame... ce n'est pas que... certainement... z'ai été leste... z'ai été coquet... mais en voyaze... tu comprends?.. on fait un tas de farces... (Vivement.) C'était une farce!

Mᵐᵉ POMARD.

Une...

POMARD.

Qui n'a pas eu de suite... pas la moindre.

Mᵐᵉ POMARD, à part.

Parce que le bruit l'a mis en fuite... (Haut.) Et sa réponse?

POMARD.

Sa réponse?.. c'est vrai... mais ze te jure...

Mᵐᵉ POMARD.

Et ce rendez-vous, qu'elle vous a donné, dans sa chambre?..

POMARD, avec aplomb.

Dans sa shambre?.. Ah! c'est là que ze suis fort, c'est là que ze triomphe!.. Ze n'y suis pas allé.

Mᵐᵉ POMARD, indignée.

Vous n'y êtes pas...

POMARD, articulant les syllabes.

Ze... n'y... suis... pas... al...lé!..

Mᵐᵉ POMARD, frappant du pied.

Si fait!

POMARD, de même.

Non!

Mᵐᵉ POMARD, même jeu.

Je vous dis que si!

POMARD, de même.

Ze te dis que non!.. et la preuve...

Mᵐᵉ POMARD.

Vous y êtes allé... et la preuve...

POMARD.

C'est qu'elle n'y était pas!..

Mᵐᵉ POMARD.

C'est que j'y étais!   (Elle sort.)

SCÈNE XI.

POMARD, puis ERNEST.

POMARD, immobile, et comme frappé d'un coup de foudre.

Ze suis mort!.. (Essayant de bouger.) Ze ne peux plus remuer, ni pied, ni... (Il tombe anéanti sur une chaire.) Ze ne peux plus p... pa... parler... ze... ze... ma femme! elle y était!.. et lui... l'autre!..

ERNEST, rentrant.

Impossible d'approcher d'elle... son frère...

POMARD, l'aperçoit, pousse un cri, se lève d'un bond, court à lui et le saisit au collet.

ERNEST, se débattant.

Hein?.. qu'est-ce que c'est?

POMARD.

C'est une infamie!..

ERNEST.

Mais quoi donc?

POMARD.

C'est un assassinat!

ERNEST.

Veux tu me lâcher?

POMARD.

Ça ne se fait pas entre confrères!..

ERNEST, se dégageant.

Que veux-tu dire?

POMARD.

Cette femme... que tu as trouvée!..

ERNEST.

Eh bien! après?..

POMARD, d'une voix étouffée.

A qui Sharlotte avait cédé sa shambre!..

ERNEST.

Ah! si tu la connais... nomme-la-moi!.. Mais, tu m'étrangles!

POMARD, suffoquant.

Nous nous couperons la gorze!..

(Ernest crie.)

SCÈNE XII.

LES MÊMES, BAGUENAUDIER.

BAGUENAUDIER.

Ah! ah! ah! ah!.. Histoire de rire!..

POMARD, lâchant Ernest et sautant à la gorge de Baguenaudier.

Ah! toi aussi... Gueux! gueux! gueux!..

BAGUENAUDIER, tout ahuri.

Eh! bien? eh! bien?

ERNEST, respirant à peine.

Ah! je n'en puis plus.

POMARD, secouant Baguenaudier.

Ze ne ris plus de tes bêtes de farces! entends-tu?

BAGUENAUDIER.

Qu'est-ce qu'il y a?

POMARD.

Ze te couperai la gorze aussi!

BAGUENAUDIER.

Qu'est-ce qu'il lui prend donc?

ERNEST.

Mais c'est de la folie!

BAGUENAUDIER.

Au secours!.. Ah! tu crois...

(Il le bouscule à son tour.)

SCÈNE XIII.

LES MÊMES, SIR SPENCER, MATHIEU.

MATHIEU, arrivant le premier, du fond.

Que se passe-t-il?.. On se tue ici!..

(Sir Spencer accourt vivement de la droite et retient Pomard, tandis que Mathieu lui arrache Baguenaudier des mains.)

SIR SPENCER.

Oh !.. sir ! sir !

MATHIEU.

La paix ! la paix !..

POMARD.

Laissez-moi ! ze veux le...

BAGUENAUDIER.

Retenez-le bien !.. Ah ! mon juge, je vous dois la vie.

POMARD.

Et il m'étranglait encore !.. Mais ça va shanzer, au pistolet... oui, au pistolet !.. toi... lui... tous les deux... tout le monde !.. Ze veux du sang !.. z'ai soif de sang !

BAGUENAUDIER.

Il a soif de sang, et vous le lâchez !.. Ne lâchez pas !

ERNEST.

Mais, Pomard...

MATHIEU.

Qu'est-ce qu'il y a ?

POMARD, toujours étouffant.

Il y a que... cette nuit, pendant qu'il m'envoyait au shâlet, auprès de Sharlotte... le scélérat !.. il envoyait l'autre, l'autre scélérat... dans la shambre où était ma...

BAGUENAUDIER.

Après?

MATHIEU.

Qui donc ?..

POMARD, criant.

C'était... ma... ma femme !

ERNEST.

Hein !

MATHIEU.

Plaît-il ?

BAGUENAUDIER.

Sa... sa... (A part, pouffant de rire.) Ah !..

SIR SPENCER.

Oh ! oh !..

POMARD.

Et il rit encore ! il rit !.. (Mathieu le retient.) Mais ze veux un duel !.. ze veux deux duels !.. oui, oui !.. tout de suite !.. Et un témoin? (Courant à Sir Spencer.) Milord, ze vous demande une grâce...

BAGUENAUDIER.

Bon ! il s'adresse bien ! .. patauge, patauge.

POMARD, se frappant le front.

Ah ! c'est zuste... ces diables d'étranzers, ça ne sait seulement pas le français !.. Comme c'est élevé !.. (Baragouinant.) Milord, ze pric... Non ! montsir.

BAGUENAUDIER.

Allons ! voilà qu'il lui parle autrichien !

POMARD, continuant.

Moi prier vous... de... être... témoin à... à moi... dans petite boxe au pistolet... (Faisant des signes et des démonstrations.) Pan ! pan !.. moi... tuer lui... là-bas... Hein?.. vous *comprenir* moi?.. C'est convenu... Ze vais shersher des pistolets... Ah ! ze suis fou... Ze suis... ze les tuerai tous les deux ! (Il court.)

MATHIEU, voulant le retenir.

Mais écoutez donc !...

POMARD, criant.

Ze vous tuerai aussi ! (Il sort.)

ERNEST, accablé.

Sa femme !..

SCÈNE XIV.

SIR SPENCER, MATHIEU, ERNEST. BAGUENAUDIER, ensuite CHARLOTTE.

MATHIEU, à Baguenaudier qui rit.

Oui, riez, monsieur, riez... avec vos bêtes de plaisanteries !.. mais, cet honnête Pomard, s'il est vrai que vous ayez compromis son épouse, cette nuit !..

BAGUENAUDIER.

Allons donc ! histoire de rire !..

SIR SPENCER.

Oh !

CHARLOTTE, tout effrayée.

Messieurs ! messieurs ! venez à mon secours!..

TOUS.

Qu'est-ce qu'il y a?

CHARLOTTE.

C'est cette petite dame, qui était ce matin avec la sœur de milord...

MATHIEU.

Madame Pomard !

ERNEST.

Achève !..

CHARLOTTE.

Elle causait avec moi... m'interrogeait... et voilà que tout-à-coup... crac !.. elle vient de se trouver mal !.. net.

TOUS.

Ah ! mon Dieu !

ERNEST, à part.

C'était elle !

SIR SPENCER, hors de lui.

Sir ! vous ! vous !.. (A Mathieu.) come Sir !.. come ! (Allant à Baguenaudier et lui serrant fortement le bras.) Oh ! oh ! (A Mathieu.) Come !

MATHIEU, le suivant.

Mais, permettez...

ERNEST, retenant Charlotte.

Mais elle !.. cette Anglaise... la sœur de milord ?..

CHARLOTTE.

Elle n'était pas avec nous... elle achève un dessein là-bas... Je cours lui dire...

ERNEST.

Non, non... rentre !.. Oh ! qu'elle ne sache rien... jamais !.. J'en mourrais !..

(Charlotte sort en le regardant avec surprise.)

SCÈNE XV.

ERNEST, BAGUENAUDIER, ensuite Mme MATHIEU, CLAIRE et PAULIN.

BAGUENAUDIER.

Ah ça ! décidément, mon cher, il parait qu'à la place de Charlotte... Qui Diable pouvait deviner que c'était...

ERNEST.

Silence !..

BAGUENAUDIER, étouffant un éclat de rire.

Ha ! ha !.. en voilà une histoire de...

ERNEST, avec force.

Non, monsieur !.. assez de rire comme cela !.. Grâce à vous, il n'est plus de bonheur pour moi !.. et Pomard, qui s'amusait de vos misérables plaisanteries... il va risquer ses jours contre les miens, que je lui abandonne... mais, d'abord, vous allez me rendre raison...

BAGUENAUDIER, reculant.

Hein ?.. encore un !.. Ah ! ça, mais ils tombent tous sur moi !

Mme MATHIEU, entrant triomphante.

Messieurs ! ah ! messieurs ! félicitez-moi !.. Je suis la plus heureuse des mères !.. Le prince... vous savez... il aime ma fille ! il me la demande pour épouse, officiellement !

BAGUENAUDIER, à part.

Ah ! bien !.. à l'autre folle, à présent !..

Mme MATHIEU.

Où est mon époux, que je lui annonce...

BAGUENAUDIER.

Oui, réjouissez-vous... quand on va se battre, se tuer, s'égorger !

Mme MATHIEU.

O ciel !

BAGUENAUDIER.

Pomard avec moi... Pomard avec lui... lui avec moi... moi avec... Un massacre général !... (Allant au fond.) Eh ! tenez, voyez cette boîte de pistolets qui s'avance.

(Pomard paraît au fond, portant une boîte de pistolets.)

ERNEST, à part.

Que faire ! que dire ! quel supplice !

(Sir Spencer paraît à droite, portant aussi une boîte de pistolets, et précédé de Mathieu.)

BAGUENAUDIER.

Encore une boîte de pistolets!.. et de deux!...

SCÈNE XVI.

LES MÊMES, MATHIEU, SIR SPENCER, POMARD, dans le fond; ensuite LUCIE.

Mme MATHIEU.

Mon mar...

MATHIEU, bas.

Chut!... (A Spencer.) Arrêtez, sir Spencer ! (Pomard lève la tête et regarde avec surprise.)

ERNEST.

Permettez, mylord... A qui en a-t-il ?

MATHIEU.

A vous, monsieur Ernest Duchesne... Sir Spencer, dont je suis l'interprète, vous demande réparation de l'insulte faite à sa sœur !.. (Pomard s'approche vivement.) que vous avez compromise, en pénétrant chez elle.

ERNEST.

Hein ? plaît-il ?

MATHIEU, bas.

Silence !.. il est là !..

BAGUENAUDIER, à part.

Ça tourne à la charade... Est-ce qu'il y a ici un autre farceur que moi ?

MATHIEU.

Il sait tout... et vous n'avez qu'un moyen de réparer votre funeste erreur...

BAGUENAUDIER, à part.

Ah ! bah ! c'était elle !

POMARD, s'élançant.

C'était... qui ?.. qui ?..

MATHIEU.

Et ce moyen, c'est de vous brûler la cervelle avec mylord.

LUCIE, qui entre, poussant un cri.

Ah !.. avec mon frère !.. pourquoi donc ?..
(Sir Spencer l'arrête.)

BAGUENAUDIER.

Ça se complique !..

MATHIEU.

A moins que vous consentiez à tout terminer, par un mariage avec madame...

LUCIE.

Moi !..   (Son frère l'arrête toujours.)

ERNEST.

Qu'entends-je !..

(Il la regarde avec stupéfaction. Pomard, qui était immobile, laisse échapper sa boîte, chancelle et tombe dans les bras de Baguenaudier.)

BAGUENAUDIER.

Allons !.. en voilà un qui se pâme !

TOUS.

Pomard !..

POMARD.

Ah ! ze n'y vois plus... ze me meurs !.. Zetez-moi de l'eau... battez-moi... Ma femme ! Francine !.. ah !

(On l'entoure, on le fait revenir.)

BAGUENAUDIER.

Donnez-lui des coups de poing dans le dos !

ERNEST, à Mathieu, bas.

Mais non... c'est un rêve !.. vous me trompez !..

MATHIEU, lui montrant Pomard.

Malheureux ! vous allez tout perdre !..

POMARD.

Ze reviens ! ze renais!.. Ah ! Baguenaudier !.. ah ! mon sher Ernest... ah ! pardon !.. Ze comprends tout... ze suis heureux... ze suis content... Ah ! mes amis, quelle venette ! quelle fishue venette !.. si ze n'en ai pas la zaunisse !..
(Il s'essuie le front.)

BAGUENAUDIER, avec effusion.

Ce brave Pomard !.. Le diable m'emporte, je crois que ça lui sort déjà.

POMARD, se levant tout-à-coup.

Ah ! ma femme !... ma femme !..
(Il se précipite dans la chambre.)

Mme MATHIEU.

Et moi, messieurs, je vous annonce le mariage de Claire Mathieu, notre fille, avec le prince de...

BAGUENAUDIER.

Paulin Cliquet, jeune pharmacien, qui donne les plus belles espérances.

Mme MATHIEU.

Quoi? comment ?.. Qu'est-ce que c'est ?

MATHIEU.

Pharmacien ?

BAGUENAUDIER.

Ou apothicaire... c'est au choix... Histoire de rire !...

Mme MATHIEU.

Ah ! l'horreur !

MATHIEU, furieux.

Oh ! cette fois-ci, par exemple !..

(Il veut s'élancer sur Baguenaudier. On les sépare.)

BAGUENAUDIER.

Fâchez-vous donc !.. Monsieur a un état superbe... qui va toujours... Vous consommerez
gratis, dans la boutique de votre gendre... Tenez, vous êtes trop heureux... et si j'étais père,
si j'avais une fille... Mais il faudrait commencer
par avoir une femme... (A part.) Je m'en prive...
(Haut.) Eh bien ! dites donc, vous êtes tous par-
faitement heureux et contens... personne ne m'en
veut plus...

SIR SPENCER, s'avançant.

Excepté moi !

BAGUENAUDIER, sautant.

Ah ! bah ! il parle français !.. Et il ne le disait pas !

SIR SPENCER, avec un léger accent.

Je ne sais pas le français, quand je rencontre
des gens ennuyeux et de mauvais plaisans...
mais je le sais très bien, pour leur en demander
raison... (Tirant et ouvrant son agenda.) Vous
vous êtes amusé à mes dépens, dix fois... J'en ai
pris note... c'est dix coups d'épée que je vous
dois... nous commencerons...

BAGUENAUDIER,

Quand vous voudrez.

LUCIE.

Mon frère !   (Mouvement général.)

SIR SPENCER, galment en regardant sa sœur et Baguenaudier.

Oh !.. histoire de rire.

BAGUENAUDIER.

Farceur d'anglais !.. il me l'a volé.

CHŒUR FINAL.

Air du Domino noir.

Voici donc le terme du voyage,
Les vacances...

POMARD, rentrant.

Chut ! chut !.. mes amis, elle m'a pardonné !..
j'ai eu de la peine !..

(Le chœur reprend.)

Voici donc le terme du voyage,
Les vacances vont bientôt finir...
Mais de ces deux jours, chacun, je gage,
Gardera long-temps le souvenir.

FIN DES AVOUÉS EN VACANCES.

Imprimerie de Mme De Lacombe, rue d'Enghien, 12

www.ingramcontent.com/pod-product-compliance
Lightning Source LLC
LaVergne TN
LVHW020634180726
843502LV00006B/2032